# 恪守职业道德 提升职业素养

景扬　彭万忠◎编著

全国职工素质提升工程推崇的职业道德规范与行为准则。

让职业道德与素养修炼从"高大上"的宣传口号变成切实有效的工作行动！

企业管理出版社
ENTERPRISE MANAGEMENT PUBLISHING HOUSE

图书在版编目(CIP)数据

恪守职业道德 提升职业素养 / 景扬,彭万忠编著. —北京:企业管理出版社,2015.9
ISBN 978-7-5164-0711-0

Ⅰ. ①恪… Ⅱ. ①景…②彭… Ⅲ. ①企业－职工－职业道德 Ⅳ. ①F272.92

中国版本图书馆 CIP 数据核字(2015)第 216043 号

| | |
|---|---|
| 书　　名 | 恪守职业道德　提升职业素养 |
| 作　　者 | 景　扬　彭万忠 |
| 责任编辑 | 杜　敏　田　天 |
| 书　　号 | ISBN 978-7-5164-0711-0 |
| 出版发行 | 企业管理出版社 |
| 地　　址 | 北京市海淀区紫竹院南路 17 号　邮编:100048 |
| 网　　址 | http://www.emph.cn |
| 电　　话 | 总编室(010)68701719　发行部(010)68701816　编辑部(010)68701408 |
| 电子信箱 | 80147@sina.com |
| 印　　刷 | 北京柯蓝博泰印务有限公司 |
| 经　　销 | 新华书店 |
| 规　　格 | 170 毫米×240 毫米　16 开本　16 印张　160 千字 |
| 版　　次 | 2015 年 9 月第 1 版　2015 年 9 月第 1 次印刷 |
| 定　　价 | 35.80 元 |

**版权所有　翻印必究·印装有误　负责调换**

# 前 言

　　道德是我们行走在人间的正路。良好的道德修养是人类取得成功的前提。中国古代思想家孔子认为,道德修养是一个人立身处世的根基,是"治国""平天下"的重要条件。早在17世纪马丁·路德也曾说:"一个国家的繁荣,不取决于它的国库之殷实,不取决于它的城堡之坚固,也不取决于它的公共设施之华丽;而在于它的公民的文明素养,即在于人们所受的教育、人们的远见卓识和品格的高下。这才是真正的利害所在、真正的力量所在。"

　　道德是人们的生活态度和价值观念的体现,是行业人员的集体表现,也是社会面貌的主要内容。作为上层建筑的一部分,道德的发展是由经济基础决定的,同时反作用于经济基础。社会主义的道德规范,显然是社会主义经济基础的反映,同时也反作用于社会主义经济基础。但是,人类历史的发展过程也表明,道德在某种条件下具有独立性和超前性。就是说,在一定的经济基础之上不仅可以产生与之相适应的道德观念与道德行为,而且还可以产生超前的、代表未来发展方向,也有益于社会更加有序、更先进的道德观念和行为。从历史上看,我国古代就曾出现"先天下之忧而忧,后天下之乐而乐"的崇高思想境界,并成为许多仁人志士或奉行、或追求的道德规范。而在半殖民地半封建的旧中国,一大批共产党人因为心中有崇高的共产主义理想和高尚的共产主义道德做人生支柱,所以,他们甘愿为民族和人民的解放事业抛头颅、洒热血。可见,如果每个人都具备优良的道德修养,那么,整个社会的道德水平也会有显著的提高。

　　职业道德是从事一定职业劳动的人们,在特定的工作和劳动中以其内心信念和特殊社会手段来维系的,以善恶进行评价的心理意识、行为原则和行为规范的总和,它是人们在从事职业的过程中形成的一种内在的、非强制性的约束机制。职业道德是增强企业凝聚力的手段。员工职业道德是社会道德体系中重要的组成部分,不仅对社会文明进步有着重要意义,对个人的事业发展也有着特殊的作用。它渗透、贯穿于每个人整个职业生涯之中,没有止境,需要我们用一生的精力不断加强才能达到想要的高度。

古人云:"盗亦有其道。"不论你从事哪行哪业,都必须培养自己的职业道德。医生有医德,因而有"医乃仁术,仁爱救人"的言论,强调"德为医之本,仁乃德之源";教师有师德,"以身立教""传道、授业、解惑";商人有商德,"诚实守信,买卖公平"。对于员工来说,职业道德是员工进入职场需要培养的最重要的一种"能力",是职场行事的第一准则,是员工追求成功的第一方法,也是员工的立业之本。

为了提高员工职业道德与素质修养、实现企业和员工的科学发展,我们编写了本书。本书语言生动而平实,结合身边职场案例,立足于我国员工现有的实际情况,从员工的角度全面、透彻地解析了提升个人职业道德修养对员工的深层意义和作用。阅读本书,读者将找到提升个人职业道德的方法和途径,自觉改善不良的工作态度,不断地完善自我!

# 目 录
Contents

## 第一章 品行端正：诚实守信是员工立身职场的基石

诚信是人的一种基本品质，是为人处世的基本原则；是取信于人的良策，是处世立身、成就事业的基石。诚信是一种人生态度，一种做人最高的精神境界。只有坚持诚信原则的员工，才能赢得良好的声誉。他人也才愿意与其建立长期稳定的交往，才能获得成功。

1. 诚信为本，树立正确的职业观 / 2
2. 真诚实在，做事先做人 / 6
3. 善良正直是员工的精神脊梁 / 9
4. 珍视你的人格，爱护你的名誉 / 12
5. 守住你的道德底线——良心 / 14
6. 树立你的诚信品牌 / 17

## 第二章 热爱工作：爱岗敬业是员工职业道德的起点

爱岗敬业是一种职业道德，更是一种理念、一种行为模式。员工只有深深地热爱一项工作，才有可能全身心地投入，才能甘愿为这项工作而献身。爱岗敬业成就卓越。任何一个公司，如果没有敬业精神做支柱，那么这个公司倒闭也是早晚的事情；任何一名员工，如果缺乏敬业精神，那么他丢掉工作也是迟早的事情。

1. 以主人翁精神对待自己的工作 / 22
2. 立足本职，干一行爱一行 / 25

3. 勤勤恳恳，一份付出就多一份收获 / 31
4. 主动做事，别把问题留给他人 / 35
5. 寻找岗位乐趣，充满激情地工作 / 39
6. 保持自信而健康的心态 / 43

## 第三章 文明有礼：良好形象是员工道德修养的体现

礼仪直接体现了一个员工的思想道德水平、文化修养和处世交际能力，对个人工作和生活的顺利与否有着至关重要的影响。礼仪是个人、组织外在形象与内在素质的集中体现。于个人来讲，礼仪既是尊重别人同时也是尊重自己的体现，在个人事业发展中起着重要作用。它能提升人的涵养，增进了解沟通，细微之处显作用。对内可融洽关系，对外可树立形象，营造和谐的工作和生活环境。

1. 得体的服装，穿出自己的职业形象 / 50
2. 面带微笑，不要做职场"冷面人" / 54
3. 讲究礼仪规则，给对方留个好印象 / 59
4. 谈吐优雅，做一个"口才达人" / 63
5. 保持整洁，养成良好的卫生习惯 / 67
6. 别让粗俗的小动作给你的形象减分 / 69

## 第四章 忠于职守：忠诚负责是员工最基本的职业操守

忠诚是一种操守，是一种职业良心。忠诚是人类最宝贵的品质，是无价之宝。自古至今，人们都视忠诚为最高尚的美德。一个职场人如果没有忠诚，背叛自己的企业，别说成就自己的事业，就连生存都可能出现问题。不忠带来的是一生都无法抹去的污点，这样的员工最终会被企业抛弃，从而断送自己的职业前程。

1. 忠诚是一种珍贵的职业素养 / 76
2. 服从即是最大的忠诚 / 80
3. 忠于企业，认真做好工作中的每件事 / 84

4. 尽职尽责,为单位出谋划策 / 87
5. 勇于担当,危难时刻与单位共渡难关 / 91
6. 抵制诱惑,保守企业的秘密 / 95

## 第五章 遵章守纪:遵守纪律是员工走向成熟的标志

纪律是企业存在的根本,是维持员工之间关系的准则。遵守纪律是每个员工最基本的要求,也是每个员工应具备的最基本素质。只有用纪律、制度、标准来规范每个员工的行为,规范工作程序、工作质量,才能使工作程序最佳化、工作质量最优化、工作效益最大化。

1. 遵守纪律,一切行动听指挥 / 100
2. 及时地向上级请示汇报工作 / 103
3. 认真执行操作规程和安全规定 / 107
4. 遵守工作计划,按时完成不拖延 / 111
5. 不要迟到早退,有事有病要请假 / 115
6. 拒绝借口,自觉顾大局守纪律 / 118

## 第六章 秉公办事:公私分明,始终以单位利益为重

公正廉洁,是一个人所必须具备的基本素质和最起码的道德品质,这也是工作赋予我们的职责和使命。一个人对待工作的态度问题,是一个关系到个人事业心、责任心的问题。当你不能存心尽公,当你对事、对人不能做到刚正不阿,在工作中就会逐渐丧失一些原则,一些心怀不轨之人便会乘机拉拢你、腐蚀你,久而久之,你的工作就会失职、渎职。

1. 秉公办事,把单位利益摆在第一位 / 124
2. 不要让私事占用你的上班时间 / 127
3. 按规矩办事,不走"后门" / 131
4. 严格自律,谨防人情陷阱 / 134
5. 洁身自爱,坚决不搞特殊化 / 138
6. 不义之财不取,不正之风不沾 / 141

## 第七章 勤俭节约：严禁浪费，保持良好的节俭习惯

勤俭节约是一种道德理念，一种价值观。节约就意味着用最低的成本去获取最大的效益。我们应该把节约当成一种美德、一种责任，一种提高素养的过程。节约从小事体现，节约从现在开始，节约就在我们身边。深刻地理解它，用心感受它，努力实践它，我们不仅可以在勤俭中走向富裕，而且还可以在勤俭中使人格日臻完善。

1. 勤俭节约光荣，铺张浪费可耻 / 148
2. 发扬艰苦奋斗精神，远离挥霍浪费 / 151
3. 精打细算，为单位节省每分钱 / 154
4. 警惕大吃大喝，杜绝"舌尖上的腐败" / 159
5. 不讲排场，不比阔气 / 163
6. 以身作则，培养朴素的工作作风 / 167

## 第八章 善于学习：不断提高自己的综合实力

学习是员工充实自我、完善自我的手段。在这个知识经济时代，学习已经突破了学校的限制，变成了终生的事情。所以我们要在工作中不断地提高自己的认知和能力。作为一个员工，不论处在职业生涯的哪个阶段，学习的脚步都不能稍有停歇，要把工作视为学习的殿堂。

1. 虚心学习工作中的新知识、新技术 / 174
2. 学习竞争对手的经验和长处 / 178
3. 刻苦钻研，做一名"专家"员工 / 181
4. 勇于创新，做个解决工作难题的高手 / 185
5. 用业余时间充电，完善职业生涯规划 / 189
6. 坚持学习，每天进步一点点 / 193

## 第九章 学会协作：提高团队意识，与团队一起成功

学会合作，善于合作，这是现代员工的必备品格，也是一个优秀员工的基本素质。任何伟大的事业都不是靠自己一个人做大的，合作是成就伟大事业的基本原则，而且可能是成就伟业的唯一途径，因为1+1>2。

1. 摒弃不合时宜的个人英雄主义 / 200
2. 顾全大局，以团队的利益为重 / 203
3. 友善沟通，用包容化解冲突 / 208
4. 精诚团结，与团队成员相互扶持 / 211
5. 不做团队中的"短板" / 216
6. 融入团队才能与团队共赢 / 219

## 第十章 奉献社会：乐于奉献是员工职业道德的最高形式

敬业是奉献的基础，乐业是奉献的前提，勤业是奉献的根本。在奉献前必须做好本职工作，把本职工作做完善，而不是敷衍了事、得过且过、做一天和尚撞一天钟地混日子。许多事实告诉我们，凡是为社会多做贡献的人，个人的价值也会得到充分的体现，即对社会的奉献越大，社会对个人的回报也就越多。

1. 工作就是服务社会 / 224
2. 用感恩的心去对待工作 / 227
3. 知足常乐，不要斤斤计较 / 230
4. 我为人人，人人为我 / 233
5. 多比贡献，少比享乐 / 237
6. 立足岗位，青春因奉献而无悔 / 241

## 第一章　品行端正:诚实守信是员工立身职场的基石

诚信是人的一种基本品质,是为人处世的基本原则;是取信于人的良策,是处世立身、成就事业的基石。诚信是一种人生态度,一种做人最高的精神境界。只有坚持诚信原则的员工,才能赢得良好的声誉。他人也才愿意与其建立长期稳定的交往,才能获得成功。

## 1

## 诚信为本，树立正确的职业观

诚实是最原始最古老的道德要求之一，也是在职业道德养成中，人们比较重视的基本品质。诚信品格历来被人们所重视，不仅经济活动需要诚信，而且政治活动、精神文化活动等一切社会领域都需要诚信。诚信是成就事业的基石，也是做事的信条，更是立足职场的原则。一个人一旦缺失了诚信力量的强大支持，就会在这个社会上寸步难行。

肖剑是一位很有才华的年轻律师，他手头总是有接不完的案子。他接案子有一个原则：如果发现委托人隐藏案情或没有诚实陈述，那么不管对方给多少报酬，他都会拒绝为此人辩护。

他的一些同事嘲笑他傻，白白错失大赚一笔的机会。因此，总有人忍不住问他："虽然你知道他说了谎，但是别人并不一定知道啊，你为什么这么坚持不为他辩护呢？"肖剑为同事们讲起了他的故事：

在肖剑7岁那年的夏天，父母带他到公园玩。他看到别人在吃冰淇淋，自己也想吃。于是，父母带肖剑到了冷饮摊，老板一边为他挤冰淇淋，一边和父母攀谈起来，他们聊得很愉快。吃完冰淇淋，他们去坐过山车、划船。当他们准备离开公园的时候，父亲突然问母亲："那冰淇淋多少钱呢？"母亲不解，反问道："不是你付的钱吗？我哪里知道呢？"原来当时他们只顾着和老

板说话,忘了付钱,而老板自己也忘了收费,肖剑听了高兴地说:"太好了!吃冰淇淋免费!"父亲说:"走,我们回去把冰淇淋的钱给老板!该付的钱还是要付。"肖剑不解地说:"一支冰淇淋又没多少钱,老板一定早就忘啦!"父亲严肃地对他说:"孩子,不是钱多少,也不是有没有人知道的问题,诚实是我们自己心中的原则,而不是要做给别人看的美德。"

圣经上有一句名言:"一个人在小事上靠得住,在大事上也靠得住;一个人在小事上不诚实,在大事上也不诚实。"在美军的士兵条例中有这样一条:"如果你多报战功,那下次你会被给予超过你能力的目标而自讨苦吃。"由此可见,撒谎并不是每次都能给撒谎者带来好处,而且许多时候带来的都是伤害。所以说,诚实的品德是员工取胜职场的法宝。一个人如果仅仅工作能力强,而道德水平不高,无法给人信赖、可靠的感觉,那么他对企业来说就是一种债务,而不是企业的资产。如果把品德比喻为铁轨,那知识和智力就是推动火车前行的动力,失去了品德这个轨道,马力越大就越容易导致车毁人亡。

法国浪漫主义作家大仲马曾讲,当信用消失的时候,肉体也就没有了生命。诚信不单是做人的准则,同时也是做企业、做事业的基本要求。因此,巴尔扎克说:"我们应该遵守诺言就像保卫你的荣誉一样。"损失金银财宝可以,但绝不能丢掉诚信!

小常在日本东京留学,为了减轻家人的经济负担,他利用业余时间在日本餐馆洗盘子赚取学费。日本餐馆的老板告诉他,每个盘子必须用水洗上7遍,按件计酬。最初的时候,小常每个盘子都是认认真真地洗上7遍。

后来,一个与小常一起打工的中国留学生小刘则告诉他说:"不要这么傻,老板在就洗7遍,老板不在就少洗两遍。这样劳动效率就会提高许多,工钱也会增加许多。"但是,小常是一个很诚实而且有些胆小的人,他没有听从小刘的建议,依然坚持每个盘子洗7遍。

几天后,小常去日本餐馆洗盘子却没有看到小刘。听在日本餐馆洗盘子的中国留学生说,小刘由于每个盘子少洗了2遍,被辞退了。不久,小常听说小刘恶习不改,在洗盘子时依然少洗两遍,换了很多餐馆。最后,再也没有餐馆愿意雇用他了;房东要求他退房,因为他的"名声"给合租房子的留学生工作带来了不好的影响;学校要求他转到其他学校学习,因为他影响了学校的生源。

于是小刘只好转学到了另一座城市的大学,一切重新开始。小常为此非常庆幸,幸亏自己没有听从小刘的建议,不然自己也该被迫转学了。

讲诚信,遵守职业道德,或许在有些人看来不是多么大不了的事,但是,一旦人们发现你不讲诚信、不遵守职业道德,那么在你看来非常小的小事就会成为天大的事情。你会被人们认为品德有问题,甚至品德极差。一旦你给人们留下了没有诚信、没有职业道德、没有契约精神的坏印象,那么这种印象就很难改变,最终影响你的工作和生活。

有人说,人品就是员工第一学历,这句话说得不无道理。随着高等教育的普及,学历已经不再是一个衡量人才的重要标准,但是"做人先立品"却是硬道理。诚实守信是员工通向职场成功的必由之路。综观各个行业的成功人士,诚实守信都是他们的共同点。虽然一个人做到诚实守信不一定能够成功,但不诚实守信一定不会成功。一个不诚实守信、自以为是、把别人当傻子的人,最后往往会成为"孤家寡人",处于孤立无援的境地,当然更谈不上成功了。诚实守信是一个人修身立志、为人处世的基本要求。作为社会人的我们不仅需要重视增加自己的知识和学问,重视"事功",更要注重拓宽自己的胸襟,涵养自己的气象,提升自己的精神境界。而诚实守信往往是人生境界中最底层、最基础的要求。

# 第一章
## 品行端正：诚实守信是员工立身职场的基石

柯达公司是一个非常注重员工诚信的企业，所以在招聘时对员工的诚信度要求也很高。

一次，柯达业务部准备招聘几名营销员，在众多的面试者中，柯达要求应聘者如实地写出自己的优缺点。许多应聘者都怕自己的优点比别人少，被别人比下去，于是大多都夸夸其谈，甚至还有意夸大自己的优点，但在写缺点时，却又让人看不出自己写的是缺点。比如："我常常工作起来不注意身体"，"见了对公司不利的事就想管，因此经常得罪人"，"听不得别人对领导的不同意见"等等，不一而足，这些人当然在第一轮的面试中就被淘汰掉了。

最让招聘者看重的则是一位没有"优点"的求职者。他是这样评价自己的："我的表现一般，如果一定要写优点的话，应该还算勤奋好学；缺点就是本人没有市场营销经验，性格又有些固执，可能对工作不利。"招聘者认为，这位应聘者的诚实是难能可贵的，因此，他成了那次应聘的第一个成功者。

由此可见，柯达公司宁愿放弃知识和能力比较强的应聘者，也不会随便给一个不诚信的人一次机会。招聘者认为，一个人除了有家庭责任感以外，对老板诚实、守信是最重要的；一个不具备诚信的人，在工作岗位上也会玩忽职守。这样的人，公司怎么能让他进来呢？

诚信是职场优秀员工必备的美德之一。诚信与否，往往会让一个人的处境发生翻天覆地的变化。诚实的人终究会得到人生的奖赏；而不诚实的人，等待他的将是失败和一无所获。一名员工只有诚实守信，才能够赢得他人的信赖和敬重，让老板乐于接纳。只有具有诚信品质的员工才具有稳定性，公司才能放心地对其进行培训；不诚信的人，再有能力也不可靠，因为他对企业的忠诚不能长久。因此，诚实守信，才能赢得人心，是踏上成功的第一步台阶。

## 真诚实在，做事先做人

在员工职业道德建设中，真诚是为人的根本。那些取得巨大成功的人都有许多共同的特点，其中之一就是为人真诚。自古以来，真诚就是一种永恒的人性之美。不管是什么时候，也不管是在什么情况下，真诚都能让你赢得他人的信任和回报。

美国心理学家安德森曾经做过一个实验，他制定了一张表，列出550个描写人的品性的形容词，让大学生们指出他们所喜欢的品质。实验结果很明显，大学生们评价最高的性格品质不是别的，正是"真诚"。在八个评价最高的形容词中，竟有六个（真诚的、诚实的、忠实的、真实的、信得过的和可靠的）与真诚有关，而评价最低的品质是说谎、作假和不老实。安德森的这个研究结果具有现实意义。在交往中，人们总是喜欢诚恳可靠的人，而痛恨和提防口是心非、虚伪阴险的人。真诚无私的品质能使一个外表毫无魅力的人增添许多内在吸引力。人格魅力的基本点就是真诚。待人心眼实一点，守信一点，能更多地获得他人的信赖、理解，能得到他人更多的支持、帮助和合作，从而获得更多的成功机遇，最后脱颖而出，点燃闪亮人生。

英国一位有钱的绅士，一天深夜他走在回家的路上，被一个蓬头垢面衣衫褴褛的小男孩儿拦住了。"先生，请您买一盒火柴吧。"小男孩儿说道。"我不买。"绅士回答说。说着绅士躲开男孩儿继续走，"先生，请您买一盒吧，我今天还什么东西也没有吃

## 第一章
品行端正：诚实守信是员工立身职场的基石

呢。"小男孩儿追上来说。绅士看到躲不开男孩儿，便说："可是我没有零钱呀。""先生，你先拿上火柴，我去给你换零钱。"说完男孩儿拿着绅士给的一个英镑快步跑走了，绅士等了很久，男孩儿仍然没有回来，绅士无奈地回家了。

第二天，绅士正在自己的办公室工作，仆人说来了一个男孩儿要求面见绅士。于是男孩儿被叫了进来，这个男孩儿比卖火柴的男孩儿矮了一些，穿得更破烂。"先生，对不起，我的哥哥让我给您把零钱送来了。""你的哥哥呢？"绅士道。"我的哥哥在换完零钱回来找你的路上被马车撞成重伤了，在家躺着呢！"小男孩说。绅士深深地被小男孩儿的诚信所感动。"走！我们去看你的哥哥！"去了男孩儿的家一看，家里只有两个男孩的养母在照顾受了重伤的男孩儿。一见绅士，男孩连忙说："对不起，我没有给您按时把零钱送回去，失信了！"绅士却被男孩的诚信深深打动了。当他了解到两个男孩儿的亲生父母已经双亡时，毅然决定把他们生活所需要的一切费用都承担起来。

小男孩因为自己的诚信，而让全家人的生活得到了资助。我们有理由相信，在小男孩长大后，他也一样能成为成功的人。一个人诚实有信，才能获得大家的认可，才能得到别人的尊重。一个人失去诚信，就失去了一切成功的机会。坚守一份诚信，无异于给自己一个可靠的护身符。在任何时候，都不能为了利益放弃诚信。那些常为了获得个人利益而放弃诚信的人，不会获得真正的成功。

在工作中，以诚待人，能够在人与人之间架起一座信任的心灵之桥，通往对方心灵彼岸，从而消除猜疑、戒备心理，把你作为知心朋友。我们应充满真诚，离开了真诚，则无友谊可言。一个真诚的心声，才能唤起一大群真诚人的共鸣。如果你以诚待人，别人必定会以诚相待。如果一个人在为人处世中能够做到一诺千金、言出必行，那么，他一定会成为一个让人信赖的人。

"信誉是靠人做起来的。打开市场，关键靠信誉。"这是江西宝深达有限公司总经理聂付礼常挂在嘴边的一句话。聂付礼刚刚开始做生意的时候做的是人造丝生意。

由于他缺乏生意经验，加上他收购的原料分别来自九江和抚州两个地方，所以被不法商贩钻了空子，致使货物品质不统一。当他的货物发到了香港，客户发现两地的产品原材料不同，拒绝验收，并要求聂付礼赔偿13万元违约金。聂付礼懵了，13万元对生意刚刚起步还没有挣到一分钱的他来说，无疑是致命的打击。但是，聂付礼还是咬紧牙关，筹齐了赔款，认真地兑现了自己签订合同时的承诺。客户见他如此讲信誉，表示愿意结交他这个朋友，继续和他做生意。

半年后，聂付礼仅从这位客户手中接到的订单利润就超过了50万元。

虽然聂付礼最初的生意是亏损的，赔了13万元，但是他却用实际行动树立了自己讲诚信、守信用、具有契约精神的良好形象，而这是多少钱都无法买来的。因此，职场做人做事，不可不讲"诚信"。

员工失信是最大的道德问题，绝不是真话假话这样简单的问题。只要向别人承诺了，就应该千方百计地为实现诺言而努力。如果努力了却无法兑现自己的诺言，要向对方讲明原因，求得对方的理解。因为并不是所有的诺言都能够实现的，但是绝不能承诺了就完了，不去兑现诺言，兑现不了也不给对方解释。君子一言，驷马难追。诚信是做人的基础。之所以会出现许多不诚信的现象，归根结底还是个别人的素质问题。失信于人，就是做人的失败。人与人的感情交流具有互动性。一个人如果要想与人成为知心朋友，首先得敞开自己的胸怀。要讲真话、实话，切忌遮遮掩掩、吞吞吐吐、令人怀疑，以你的真诚去换取别人的真诚。请记住：只有真诚对待对方，才能赢得对方的信赖。

## 善良正直是员工的精神脊梁

一个人的道德品质最珍贵也是最基本的必然是善良正直。善良正直代表了一个人的生活态度。善良正直同时也是一把大保护伞。一个被公认为善良正直的人，会获得更多的理解、庇护和同情。做人要善良正直。善良正直的品格是支撑我们人格的精神骨架，正是这样的骨架分出了人的精神的高下美丑。有些人看上去很魁梧，与之相处久了却觉得其矮小猥琐，有些人毫不起眼，终让你在他平淡如行云流水中领略到山高水深。

在员工职业道德建设中，善良正直的人用心浇灌出自己的美丽，他们的美丽也就留存在别人的心中。有了他们，我们才能感受"人间自有真情在"，这样的人令我们的生活充满阳光。善良正直的人，由内至外散发他的人格魅力。善良不分年龄，不分时段，不分场合，不分事件大小，善良用行动浇灌而成。是热心帮助他人，给予他人阳光与爱心的结晶。善良的美丽是永恒的美丽，永驻人们心中。

农村教师胡安梅老师，她在父亲病逝后，继承父亲的遗愿，义无反顾地当上了民办教师。她一家住在四面透风的土房中，没有条件改善生活。她虽然家境贫寒，但她毫无保留地把自己极少的工资捐献出来，为学生交学费、买书本。长期以来，她有无数机会走出大山，到大城市里去挣钱，但是她舍不得孩子们，她不想让山里娃世世代代都是文盲！孩子辍学，她就跑遍大山的每一道山梁，每一个角落，苦口婆心地劝说家长让孩子们上课,用一片赤诚之心换来家长的理解和支持,默默地用自己的青春和汗水辛勤地浇灌着下一代。

像胡安梅这样诚实质朴的女人,表现出了高尚的善良品德和无私奉献的精神。善良,是一种美德、一种天性,员工只有拥有了它,才会成为一个为人间播撒爱心的天使。优秀的员工必须是善良的。之所以把善良看得如此重要,因为善良是这个世界上最美好的情操。有人说善良的人能像明矾一样,使世界变得澄清。应当说,善良是人类温情的源泉。世界因有善良人的支撑而流光溢彩,生活因有善良人的爱心而花香果甜,历史因有善良的鼎力推动而更增加了一份前进的力量。古人说"修身,齐家,治国,平天下",首先第一步是要修身,若"自身"都没有修炼好,就更别提之后的齐家、治国、平天下了。而修身中很重要的一点就是一个人的人品。综观历史上的那些伟大人物,他们之所以能够成就那样的丰功伟业,其实他们与凡人并无多大差别,有差别的只是他们具备了做人的优秀品质,运用了超人的智慧。一个具备优秀品质的人,无论在何种环境、条件下,都会最终超越他的同伴。环境、条件只能制约他成功的过程,但绝对无法阻止他最终取得成功。

李开复在苹果公司工作时,恰逢一次公司裁员,当时李开复必须从两个业绩不佳的员工中裁掉一位。

第一位员工毕业于卡内基梅隆大学,是他的师兄。他十多年前写的论文非常出色,来公司后却很孤僻、固执,而且工作不努力,没有太多业绩可言。他知道面临危机后就跑来恳求李开复,说自己年纪不小,又有两个小孩,希望李开复顾念同窗之谊,网开一面。甚至连瑞迪教授(李开复和他共同的老师)都来电暗示他尽量照顾师兄。

另一位是刚加入公司两个月的新员工,他还没时间表现,但应该是一位有潜力的员工。于是,李开复内心里的"公正"和"负

# 第一章
## 品行端正：诚实守信是员工立身职场的基石

责"的价值观告诉他应该裁掉师兄,但是他的"怜悯心"和"知恩图报"的观念却告诉他应该留下师兄,裁掉那位新员工。后来,李开复为自己做了"报纸测试":在明天的报纸上,他更希望看到哪一个头条消息呢,是"徇私的李开复,裁掉了无辜的员工",还是"冷酷的李开复,裁掉了同窗的师兄"？虽然李开复极不愿意看到这两个"头条消息"中的任何一条,但相比之下,前者的打击更大,因为它违背了他最基本的诚信原则。如果违背了诚信原则,他认为自己没有颜面见公司领导,也没有资格再做职业经理人了。

于是,李开复裁掉了师兄,然后他告诉自己的师兄,今后如果有任何需要他的地方,他都会尽力帮忙。对于李开复本人来说,这是一个痛苦的经历,因为这样做违背了他强烈的"怜悯心"和"知恩图报"。但是,"公正"和"负责"的价值观对李开复而言更崇高、更重要。虽然选择起来很困难,但最终他还是面对了自己的良心,因为他知道这个决定才符合自己做事的正直品德。

正直是世间最强大的一种力量。正直的人内心只有天理良心,从而不惧怕任何责难。因为正直,他不会去过多计较个人得失,不怕打击报复,不畏权势,敢说真话,面对权利不以权谋私；面对邪恶敢挺身而出,不阿谀奉承不随波逐流,也不会违心地说假话谎话,而是凡事有自己的立场,有自己的底线,有自己坚守的准则。

古人云:"政者,正也","若安天下,必先正其身"。法国著名浪漫主义文学家雨果说过:"做好人容易,做正直人却难。"的确,做一个正直的人就要以高标准来要求自己,要有高度的荣誉感；做一个正直的人要具有道德感,并且能够遵从内心的良知；做一个正直的人还要有敢于挑战困难的勇气和力量。正直的人自有一股正气,浩然于天地之间。在我们的一生中,有许多力量可以诱惑你、扭曲你、强迫你做这做那,令你屈服。然而人世间除了声望、权利、金钱、暴力等,还有一个可以使人成功的秘诀,那就是正直的品格。只有正直的品格,才会最终赢得人们普遍的尊敬。

## 珍视你的人格，爱护你的名誉

在员工职业道德建设中，渴望获得美名是每个人的心愿。俗话说："雁过留声，人过留名。"名誉就是一张无形的名片，是为人处世的真实写照，一旦形成就如影随形，成为一个人的标志性象征。名誉是形象，是丰碑，是一种强大的无形力量和无价之宝。"毁名容易树名难"说的就是这个道理。

那么怎样才能获得美好的名誉呢？俄国诗人普希金说得好："爱惜衣裳要从新的开始，爱惜名誉要从小的时候开始。"要想有好的名誉，就要悉心呵护自己的声誉，时时检点自己的言行，纯洁自己的心灵，用自己的道德品行去维护，让你的名誉之树长青。时刻警醒，谨言慎行，走好每一步。

三国时期东吴的陆绩，官任郁林郡太守，处事慎独，注重名节，为政清廉。他任满后经海道坐船返归故里，因实在没有可以运回家乡的东西，又怕船太轻，抗不住海上风浪的颠簸，只好请船夫搬来一块石头压在船头。陆绩回乡后，心生感念，便请人将这块石头运回宅院，并书"郁林石"三字镌刻其上。明朝弘治九年，监察御史樊祉把这块巨石移入城内官衙中，取名"廉石"，作为百官之戒。清朝苏州知府陈鹏又将"廉石"移至苏州况钟祠旁。从三国到今天，1700多年过去了，这块"廉石"虽历经风雨，却依然伫立，警示着世世代代的人们重名节、守清廉。

# 第一章
品行端正：诚实守信是员工立身职场的基石

孟子云："君子之守，修其身而天下平。"名誉是用道德与修养炼成的，要知道缺少道德的名誉是保持不住的。生活中会遇到许多考验，道路上也会出现无数的污泥，要使自己的名誉不受损失，就要像荷花一样，即使生于淤泥沼泽，也固守着她碧玉般的纯净，洁身自好，默默地延续自己的根本，执着自己的追求。正确地认识自己，不随波逐流，不同流合污，自觉地用道德规范去约束自己，不做有损自己名声的事，指导自己，在诱惑面前不动心，维护自己的尊严，做一个"大写"的人，才能保持名誉的圣洁。

日前，杭州市原政协副主席吴正虎因为受贿被一审判处死缓。案发前，吴正虎担任杭州市第四人民医院院长，他收受他人财物共计折合人民币1619.07万元。近年来，医疗系统的腐败案件层出不穷，医院院长正日益成为一个腐败高危职业。财新网对近年来发生的涉及医院院长的贪腐大案作了不完全统计，发现这些犯事的院长中，不少曾是受人尊敬的医疗专家。比如，吴正虎是耳鼻咽喉科的博士生导师，享受国务院特殊津贴专家。但面对利益的诱惑，他们成了贪官。他们的行为与一般贪官并无不同。比如曾任广州龙归华侨医院的女院长阎玉兰曾经携贪污的巨款赴澳门豪赌；担任过北京朝阳医院副院长的肖云良在审判中对受贿的解释居然是"忘记打欠条"。

爱惜自己的名誉和操守，历来是中华民族的传统美德。孟子曰："人有不为也，而后可以有为。"前贤的话告诉我们，做人要有原则，爱惜自己的名誉和操守，知道能做什么，不能做什么。如果我们翻开历史的相册，历史上出现过很多珍惜名誉、恪守情操的仁人志士。悬鱼太守羊续、暮夜却金的杨震、耻于折腰的郑板桥、不同流合污的周敦颐、拒贿拾遗的林则徐、一尘不染的周恩来、当官即不许发财的吉鸿昌、淡泊名利的杨业功、拒绝诱惑的汪洋湖……一串串响亮的名字回响在我们耳畔，一个个高风亮

13

节的形象出现在我们眼前。他们无一不是我们学习的楷模。因此,坚守职业道德对于一个真正珍惜名誉的人来说是一扇应该永远坚守的门。

## 5

## 守住你的道德底线——良心

在纷繁世事中能否守住道德底线,主要看一个人是否能够知荣辱、辨善恶、明得失。通俗地说,就是告诉人们哪些是应该做的,哪些是不该做的,哪些是绝对不能做的。古人说:"勿以恶小而为之,勿以善小而不为。""积善成德,而神明自得。"对于芸芸众生,创造辉煌、走向伟大也许不是容易的事情,但是明白善恶,保存良知,这样的底线应该是能守住的。

有一个普通人的故事令人感动:下岗工人朱泽钧,承包一家网吧维持生计,可他看到来上网的80%以上都是中小学生,有的甚至不上课偷偷来玩,他一咬牙,关闭了网吧,因此损失近两万元,也就是一家三口的生活费。他说:"我也是做父母的,将心比心,我不能为了赚钱而误了别人的孩子。这个昧心钱不能赚。"

职业道德本质上是调整职业内部、职业之间、职业与社会之间各种关系的行为准则,是从事一定职业的人们在其特定的工作或劳动中的行为规范的总和。它既是从业人员在职业活动中的行为要求,也是本行业对社会所承担的道德责任和义务。遵守职业道德是员工的本分,是个人成才的重要条件。一个人倘若无德,便容易走入歧途,便无以敬业,更无法

立业和创业。

安徽王某,23岁,大学专科毕业后分配到某市一国债服务部,担任柜台出纳兼任金库保管员。1999年5月11日,王某偷偷从金库中取出1997年国库券30万元。4个月后,王某见无人知晓,胆子开始大了起来,又取出50万元,通过证券公司融资回购方法,拆借人民币89.91万元,用来炒股,没承想却赔了钱。王某在无力返还单位债券的情况下,索性于1999年12月14、15日将金库里剩余的14.03万元国库券和股市上所有的73.7万元人民币全部取出后潜逃,用化名在该市一处民房租住隐匿。至此,王某共贪污国库券94.03万元,折合人民币118.51万元。案发后,当地人民检察院立案侦查,王某迫于各种压力,于2000年1月8日投案自首,检察院依法提起公诉。

职业道德不同于法律规定,遵守它不一定得到褒奖,而不遵守它也不一定就得到惩罚,所以这就给了很多不法分子以可乘之机。因此,遵守职业道德,更多地要靠自觉,也就是"慎独":在无人监督的情况下,仍能坚持道德信念,自觉地按照道德规范的要求去做事。这是一种高尚的道德品格和道德境界,却也是每一个员工都应该做到的"本分"之事。对于企业来说,员工良好的职业道德有助于提高整个企业的凝聚力和竞争力。首先,良好的职业道德能够增强同事之间、上下级之间、员工与企业之间的向心力。其次,职业道德有利于提高服务质量和产品质量,从而促进技术进步,提高经济效益。再次,职业道德有利于企业树立良好形象、创造企业著名品牌。

恪守职业道德 提升职业素养
Keshou zhiye daode tisheng zhiye suyang

　　还是早晨7点钟，提前上班的胡顺广来到中心医院口腔科专家门诊。一大早，从市区和邻县赶来挂专家门诊的人已是里三层外三层。在治疗室，病人斜躺在椅子上，一米八几的胡顺广微弯着腰，仔细地检查病人的病情并进行诊治处理。从中山医科大学的高材生到市中心医院主任医师、口腔科主任，当神圣的白大褂成为职业装的那一刻起，立志做一个白求恩式的医生就成了胡顺广心中的崇高理想。20年的岁月沧桑，胡顺广当初的追求正随着他踏实的脚步一步步变为现实。

　　一天下午，忙碌了一整天正准备下班的胡顺广接到一个电话。原来，一位20岁的外省女工，在潮州庵埠华侨医院接受拔牙手术时，由于先前的误诊，造成患者牙下方颌骨中心性血管瘤破裂大出血。此刻，病人正处于出血性休克状态，人事不省，生命危在旦夕。院方心急如焚，求援于中心医院口腔科。

　　把病人接进手术室时已是傍晚时分，胡顺广带领他的助手们在无影灯下开始一场与死神争夺生命的战斗。此时，病人的血压已低至10.4/5.8kpa。当移开压在伤口上的纱布时，鲜血如水柱般喷涌而出。在指挥护士为病人输血补液的同时，他果断地为病人进行了同侧颈外动脉结扎术，使出血稍有缓解。紧接着胡顺广大胆运用所学，胸有成竹地切开了病人的下颌骨，对破裂出血的下颌骨中心性血管瘤进行根治性手术——这是胡顺广在总结前人经验的基础上独创的术式：在下颌骨正中切开进入，结扎肿瘤的供血动脉而控制出血，进而根治性切除整个肿瘤。抢救整整进行了4个小时，直到病人病情稳定，他才拖着疲惫的双腿放心离去。

　　来自潮阳农村一位女患者因舌癌住进了中心医院，是胡顺广为她做了手术。手术非常成功，但在巡查病房时胡顺广却发现，女病人不时跑到住院部别的科室，经常是忧心忡忡。无意交谈中胡顺广了解到，女患者的儿子因患血小板减少性染瘀，也住中心医院，家里还有一个双腿患病不能下床的丈夫。他怜悯之情油然而生，因而，在术后治疗上，胡顺广尽可能为病人着想，多设计几个方案，使她既减轻经济负担又能早日康复。

"胡医生，我走了，谢谢你对我的关心。""今天就回家吗？怎么回？"敏感的胡顺广似乎意识到什么。"你等我一下。"话音刚落，胡顺广飞速跑回医院宿舍，他气喘吁吁地把手里的20元钱塞给患者，用近乎命令的口吻说："你刚出院，身体虚弱，一定要坐车回去，知道吗？"接过医生手中的钱，病人怔住了，眼泪夺眶而出……20元在今天来说微不足道，但那个时候，胡顺广每月的工资才60多元。

"做一个高尚的人、一个有道德的人不容易，但在为病人治疗的过程中，自己的灵魂常常得到净化和升华。其实，我只是做了自己应该做的事。"胡顺广如此说道。救死扶伤、治病救人，是医生的天职，是作为一个医生最基本也是最起码的职业精神。如果连这一点都忘掉，也就不配做一个医生。这样的职业信条成就了无数优秀的医生。我们在此，也应该向他们学习。

6

## 树立你的诚信品牌

生活中，每当你想要买家电、手机、衣服、食品等消费品的时候，你的大脑中一定会先蹦出几个知名品牌，这就是你要消费时的首选品牌。为什么会这样呢？因为你根据自己的经验和经历认定这些品牌是值得信赖的。其实,做人也是一样,如果一个人是大家都很信任和推崇的,那么这样的人一辈子就是想不成功都是很难的。

在员工职业道德建设中,诚信是做人最根本的一条,是树立员工品牌的灵魂。古人的"无信不立"早就说明了信用的重要,而在当今的市场经济环境中,一个人更得有信用,否则自己会举步维艰。没有信用的人,无人肯与其交往,更谈不上双方合作。可以说,信用是自己的人生通行证,也是自己的第二生命。自己答应别人的事情就要千方百计地去履行,如果做不到,那么不要随便许诺。倘若自己一时高兴信口开河,事后又办不到,就会丧失信誉和人格。

1991年,中国的股市刚刚起步,人人都希望一夜暴富的"神话"能够降临到自己头上。为了送儿子出国留学,章铸夫妇把家里的积蓄交给了自称能买到原始股的王杨。不久,王杨因诈骗数百万元被判处无期徒刑。而章铸夫妇则因此损失了105万元,这些钱不仅包括他们自己的积蓄,还包括他们向亲友和同事借的钱。

欠债还钱,天经地义。章铸夫妇被骗了,但是他们不愿意拖累36位无辜的债主。于是章铸夫妇从上海纺织轴承厂辞职,去寻找能赚钱还钱的门路。章家夫妻俩摆地摊、搞贩运、打零工、站柜台,为了还债,他们吃尽了苦头。后来,章铸依靠自己在机械方面的技能开起了小作坊,利用一家工厂的车床生产药品批号打印机。2001年底,章铸夫妇经过10年的艰苦努力终于还清了全部债务。

章铸夫妇讲诚信的事迹在2007年被导演姚晓峰拍成了电视剧《天经地义》,他们的诚信精神受到了世人的称赞。无论是个人还是组织都应该诚实守信,香港首富李嘉诚,总结自己的成功之道时认为,很重要的一个方面就是"诚"。他总结说:"你必须以诚待人,别人才会以诚回报。""我绝

## 第一章
### 品行端正：诚实守信是员工立身职场的基石

不同意为了成功而不择手段,如果这样,即使侥幸略有所得,也必不能长久。"要始终做到诚实守信,就必须与各种诱惑做斗争,在利益和欲望面前守住做人的底线,坚持下去,必有所成。一个人如果时时、处处、事事讲信用,那么他的事业将会走向成功,人生将会亮丽多姿。也是诸多成功人士恪守的人生准则。

诚信是我们中华民族的优良传统,是人们做人做事的最基本的行为标准,它主要包括两个方面:首先是对自己的职业诚实守信。只要你还是这个企业的员工,只要你还从事自己的工作,你就应该尽职尽责、忠于职守,就应该像一颗螺丝钉,拧到哪里就在哪里发挥自己的作用、贡献自己的力量。也许你对自己的工作不满意,对报酬不满意,但是只要你在这个岗位上工作一天,工作一个小时,就要尽到自己的责任和义务。因为一个人忠于职守,就是在履行做人的原则。其次,要对自己的企业、对社会和公众负责,对企业、社会和公众诚实守信。一个人只有对自己的同事、客户、朋友诚实守信,才能够拥有优秀的品德,才能够获得别人的尊重和认同,才能够为自己赢得成功和荣誉。

《郁离子》中记载了这样一个因失信而丧生的人:济阳有个商人过河时遭遇风浪,眼看船就要沉了。匆忙之中他抓住一根大麻杆大声呼救。有个渔夫闻声驾船赶来了,商人急忙朝着渔夫喊道:"我是济阳最大的富翁,如果你能救我上岸,我一定给你100两金子作为酬谢。"

可是等到渔夫把商人救上岸后,他却翻脸不认账了,只给了渔夫10两金子作为酬谢。渔夫责怪他言而无信,出尔反尔。商人却说:"你一个渔夫,一生都挣不了几个钱,突然得10两金子还不满足吗?"渔夫听了非常无奈,只好离去。

不久,商人乘坐的货船又遇到了风浪,在河水中翻了船。有个人准备去救那个商人,可是那个曾被商人骗过的渔夫看见了,就告诉他说:"他就是那个说话不算数的人!"于是,人们都不再愿意去救助那个商人，商人只好眼睁睁地"看着"自己被河水淹死。

人无信不立。失信于人者，一旦他处于困境，便没有人再愿意出手相救，只能坐以待毙。人与人之间的交往只有建立在诚信的基础上，才能维系得长久。反过来，如果一个人因为贪图一时的小便宜，而失信于人，看起来似乎是得到了那么一丁点儿的实惠，但这点小小的实惠毁了自己的声誉，让自己落下一个不守信的恶名，这个恶名一传十、十传百，人尽皆知、影响深远，为自己以后的人生路埋下一颗炸弹。可就是有那么一些人，总是不把诚信当作一回事。弄虚作假，虚情假意，为人们所不齿。

法国作家左拉说："失信就是失败。"失信是最大的道德问题，绝不是真话假话这样简单的问题。只要向别人承诺了，就应该千方百计地为实现诺言而努力。如果努力了仍无法兑现自己的诺言，要向对方讲明原因，求得对方的理解。无论是我们做人做事，还是企业生产产品、经营商品、提供服务，如果失信于人，只顾眼前的一点利益，那么，损失的将是意想不到的大利益。因此，员工从进入企业的第一天起，便与企业达成了一种契约。而任何契约的达成之日，便是忠实履行诺言之始；员工在享受权利的同时，也必须履行好自己的义务。许多时候，诚实守信，实践契约精神，就是塑造自己的良好形象。

诚信是员工一生中最宝贵的财富，我们不能没有诚信，我们不但要拥有诚信，还要把诚信发扬光大。以诚实的态度对待客户，客户会信任你，从而信任你的产品；以诚实的态度命令下属，下属们会体会出命令的意义，即使认为过于严格，也都会谅解而认真地执行。诚实正直往往具有强大的亲和力，它可以让你的老板和合作伙伴产生与你交往的愿望，如果他们认为你是诚实正直的，他们就会无条件地接纳你。因为员工是企业的一分子，企业的诚信最终要靠员工的诚信来维持。企业里的每一个员工如果都能够用诚信的尺度来衡量自己的工作，就能不断取得客户的信任和支持，企业的竞争力也一定会大大增强。

## 第二章 热爱工作:爱岗敬业是员工职业道德的起点

爱岗敬业是一种职业道德,更是一种理念、一种行为模式。员工只有深深地热爱一项工作,才有可能全身心地投入,才能甘愿为这项工作而献身。爱岗敬业成就卓越。任何一个公司,如果没有敬业精神做支柱,那么这个公司倒闭也是早晚的事情;任何一名员工,如果缺乏敬业精神,那么他丢掉工作也是迟早的事情。

## 1

## 以主人翁精神对待自己的工作

在员工职业道德建设中,我们每个人都应该好好珍惜自己的工作,以主人翁精神对待自己的工作。主人翁精神能激发一个人的能量,在工作中是非常重要的。如果每一个人都有主人翁心态,把公司的事当做自己的事来做,公司会拥有强大的无形财产。有主人翁精神的人,职业生涯的成功就有了最基本的保证;没有主人翁精神的人,职业生涯的发展就缺少了根基。所以我们要怀有主人翁意识,改变传统的思维观念。改变为别人工作的心理,改变只对赚钱的工作感兴趣、工作做完就行等等打工者心态,只有把这些思想上升到新的认识高度才能适应当今社会的发展。

当一个企业每位员工的主人翁意识不断增强、主人翁责任自觉提高的时候,也就是这个企业凝聚力强大的时候,也是这个企业在市场上竞争力一流的时候。在这样的情况下,自然而然企业就会发展壮大。对每个员工来说,就有了更多的收入和工作机会,我们的生活也会不断地改善。相反,当企业亏损和失败的时候,这个企业的员工都会遭受挫折和打击。

有一个故事说:新娘过门当天,发现新郎家有老鼠,嘿嘿笑道:"'你们'家居然有老鼠!"第二天早上,新郎被一阵追打声吵醒,看见新娘在叫:"死老鼠,打死你,打死你,居然敢偷'我们'家的米吃!"

## 第二章
### 热爱工作：爱岗敬业是员工职业道德的起点

我们在当前的管理中经常会遇到有些员工，行动上好像过了门，但思想上还把自己当外人，经常有员工说："你们企业"的规章制度怎么怎么不合理，"你们企业"凭什么罚我的款等等类似的话，完全没有把自己当成企业的一员。每位员工进入企业后，也应像故事中的"新娘"一样有"过门"心态，在内心树立"这是我们的企业"的意识，把自己放在企业主人公的位置上，与企业风雨同舟，这是实现自身价值的最快路径。

企业与员工的命运休戚相关，无论从何种角度看，以主人翁的心态贡献自己的力量所成就的都是最完美的局面。我们现在就要应当树立这样一种意识：从进入企业的那一刻起，你就是企业的人了。这里不是逃避就业压力的避风港，也不是你暂时休息的地方，这里是你的家，每一位员工都应该把自己的命运和企业的命运牢牢绑在一起，投入自己的忠诚和责任心，将身心彻底融入企业，不找任何借口，尽心尽责，以主人翁的心态贡献自己的力量。作为企业大家庭中的一员，不管你是否才华横溢、能力出众，只要你渴望晋升，渴望担当大任，渴望获得更为广阔的发展平台，就要以企业主人翁的态度来争取。当你以企业主人翁的身份工作，将全部身心彻底融入企业的事务中，激发自己的能量，处处为企业着想，作出自己的成绩，那么晋升是早晚的事。更重要的是，你永远不用担心失业，因为只有主人舍弃家，没有哪个家会抛弃主人。所以，只要你仍旧是企业的一员，那么在提起自己企业的时候就要说"我们企业"，而不是用其他称呼，而且在内心深处也要发自肺腑地认同这样一个观点：我是企业的一员，我理应为企业的发展付出自己的努力。当你做到这一点时，你就会发现，自己在事业发展的道路上已经向前迈进了一大步。

赵国峰，河北开滦矿务局唐山矿的一名普通矿工。他20多年如一日坚持在井下采煤，攻克了一个个技术难题，谱写了一串串人生辉煌。

1978年，23岁的赵国峰接过父亲的班，来到开滦煤矿当了一名采煤工。他所在的唐山矿是百年老矿，井深巷远，条件复杂，工人们很多时间都消耗在井下的路途和开工前的准备工作上。下井刚一个月的赵国峰就盘算，如果每天早开工20分钟，一年得多出多少煤呀。于是，他开始每天提前一小时下井，做好各种准备，工友们一到，便立即出煤。从此，每天早下井一小时，一坚持就是20多年。

　　唐山矿是个百年老矿，"边角余煤"在储量中占有很大比重。由于地质条件复杂，开采这些煤只能用工艺落后的"落垛式采煤"或"分层采煤"，不仅劳动强度大、生产效率低、成本投入高、资源回收率低，也常常出现质量难控制、安全生产无保证的情况。如果丢掉不采，既浪费了资源又缩短了矿井寿命，继续采下去就会投入大于产出，威胁到企业的生存。前些年，"轻型放顶煤采煤新工艺"及其设备的问世，给解决这一难题带来了一线希望，但当时并没有成功的经验可供借鉴。关键时刻赵国峰站了出来，他说："企业要生存，工人要吃饭，与其坐以待毙，不如背水一战。"赵国峰立下了军令状。在工作推进中，底板下山角度突然加大，会出现影响安全生产和生产进度的问题。为攻下这个难关，赵国峰每天连上两个班，边操作边画图，研究解决办法，累得在井下发起高烧。工友们强行把他送到医院，一量体温39.5度，大夫立即给他打上了点滴。一觉醒来，高烧略退，他猛地坐起来，乘护士不在，自己偷偷拔掉输液针，赶到矿内，换上工作服又下了井。最后他用"台阶式推采法"解决了下山角度大的难题。

　　一个人的能力总是有限的，但下面一组数字真实地记录了一个新型矿工的无私奉献：赵国峰在井下工作28年，28个春节都在井下采煤岗位上度过的。28年中，他每天坚持提前一小时下井，测量技术数据，做好开工准备，奉献工时达15851个。28年中，为技术攻关、技术革新，研究创造先进操作法，他奉献在岗位上的轮休日、节假日达726天。28年中，他奉献的工作日仅

按一般效率的采煤司机计算,也为国家为企业多出煤27.46万吨,能装满载重60吨的车皮4500多节,可在铁路上排出60多公里。赵国峰就像一块煤,一块熊熊燃烧的煤,心甘情愿地燃烧着自己,温暖着别人。

可以想象,只要在自己的位置上以主人翁的心态贡献自己的力量、完成自己的工作,这样的员工迟早都会得到加倍的回报。赵国峰先后荣获全国五一劳动奖章、省部级劳动模范、省特等劳动模范等荣誉称号。2005年,赵国峰成为《当代矿工》杂志社的形象代言人。在聘请仪式上,赵国峰激动地说:"我所做的一切,都是煤矿工人的一种责任。聘请我为煤矿工人自己杂志的代言人,是开滦工人的骄傲,也是全国煤矿工人的自豪。"

有主人翁精神的人,职业生涯的成功就有了最基本的保证;没有主人翁精神的人,职业生涯的发展就缺少了根基。所以我们要怀有主人翁意识,改变传统的思维观念。改变为别人工作的心理,改变只对赚钱的工作感兴趣、工作做完就行等等打工者心态,只有把这些思想上升到新的认识高度才能适应当今社会的发展。

## 立足本职,干一行爱一行

一个人无论从事什么职业,都应当树立干一行爱一行的观念,热爱自己的工作,对工作尽心尽责、全力以赴。这不仅是职业素质的要求,也应当是人生的信条。试想一个人不热爱自己的工作,又怎么能做好自己的工作呢,怎么可能成为行业专家,高技能、高素质的现代员工呢?

## 恪守职业道德 提升职业素养

刘阳在一家保健品公司的销售部做业务员,做了半年多,眼见着身边的一个大专生被提拔为销售部副经理,而他这个名校本科生却还是原地踏步。

于是他找到厂长说,想换个地方发展。厂长问其原因。他说:"干了半年多,没发展。"厂长问他:"那你知道部门经理是怎么当的吗?"他自信地说:"给我几个人,我会安排好他们干什么,怎么干……"话没说完,有个业务员匆匆跑来,说一批货出现了问题,客户要退货。厂长对刘阳说:"你去负责处理一下。"

刘阳来到客户那里,磨破嘴皮子也没有把事办妥,只好依实汇报给厂长。厂长打电话让那个部门副经理去处理。快下班时,副经理打电话告知,事已办妥,货款也已收回。

随后,厂长对刘阳说:"作为销售部经理,就是在手下业务员费尽力气也没有谈成业务向你求救时,你只要说'跟我来',然后机智地把客户拿下,然后对员工说'看见了吗,就这么做',这个员工就会对你倍加佩服,并知道该怎么做。作为经理,不仅仅是下命令、调遣人,只有先做好自己才能命令别人。"

这件事以后,刘阳终于找到自己的位置,下决心从销售一钱做起。踏实肯干、勤奋好学的作风给他带来了很大的进步,一年后,他当上了该厂业务部负责人。

在员工职业道德建设中,干一行、爱一行是一种优秀的职业品质,是每一位员工都应遵从的基本价值观。现实中,很多年轻人常常不能摆正自己的位置,经常因为自己的高学历而沾沾自喜,因为自己的一点点优势便以为自己是天下第一,便以为自己的索取是应该的,要求也是正当的。他们时时把自己看得高人一等,处处表现得比别人聪明,自然也就不屑于做别人的工作,不屑于做小事、做基础的事。自以为是、自高自大是工作的最大敌人。不管你是天之骄子,还是满面尘土的普通员工;不论是你才

高八斗,还是目不识丁;不论你是大智若愚,还是大愚若智,如果你没有找到自己的位置,那一切都是徒劳无益。你必须认清自己的位置,从一点一滴开始做起。

热爱是最好的教师。这话已经是耳熟能详的名言。职场生涯中,我们无法挑选工作,我们无法选择上司,也无法选择能够给予最佳配合的同事,更无法挑选不苛求的客户。这样的境况下,退缩和放弃没有任何出路,只有责任感才能帮助我们热爱工作、获得成就、得到成长。现实是十分严峻的,我们常常是被安放在与我们的专长不对口、跟我们的兴趣无关的岗位上。很多人都以为,只有做自己喜欢的工作才能有大成就,而不适合自己的职业,是无法燃起工作激情的,更谈不上成就卓越了。事实果真如此吗?

陈刚毅是湖北省交通规划设计院高级工程师。1986年从湖北交通学校毕业后,分配到设计院工作。20年来,他一直战斗在交通重点工程建设第一线,以强烈的事业心和高度的责任感投身到交通建设,先后参加了武黄、宜黄、京珠等高速公路的建设。在各项工程建设实践中,他始终坚持勤耕不辍地学习,刻苦钻研技术,逐步成长为设计院的青年技术骨干,成为一名懂设计、会施工、善管理的复合型人才。陈刚毅于2001年开始,多次技术援藏。2001年,担任湖北省援藏项目山南地区湖北大道市政工程建设总工程师兼工程技术部主任。陈刚毅在工作中坚持原则,秉公办事,严把技术关和质量关,把湖北大道项目建成了精品工程、示范工程和标志性工程,创造了西藏城市道路建设史上路面最宽、建设周期最短、设计标准最高等十个第一,受到自治区和山南地区的高度评价。2002年该项目被评为全国公路建设优质工程。2003年4月,受交通厅党组委派,陈刚毅担任交通部重点援藏项目,西藏昌都地区国道214线角笼坝大桥项目法人代表。他带领项目组克服恶劣自然环境和工作、生活上的诸多困难,艰苦创业,精心管理,大胆创新,狠抓质量。其间身患癌症,但仍心系工作,以对党和人民高度负责的精神,把全部的智慧、心血和汗水都倾注到交通事业上,以顽强的意志与病魔抗争,呕心沥血,忘我工作,在手术后7次化疗期间,4次进藏,献身岗位,为确保工程建设安全、优质、高效进行,并顺利实现提前建成通车,作出了突出贡献。

陈刚毅用干一行、爱一行的精神工作,被誉为"新时期援藏交通工程技术人员的楷模"。在工作中,每一位员工都要干一行、爱一行。这实质上就是一种对事业高度负责的精神,它不仅是工作作风的内在要求,更是精神品格和人格魅力的外在表现。只有个人责任感强了,企业的战斗力和竞争力才能够得到有效提升。

全国劳动模范窦铁成只有初中学历,但他凭着自己的努力,最终成长为"企业的王牌员工",被认为是现代产业工人的楷模。在铁路电气和变配电施工的技术方面,窦铁成被称为"问题终端解决机"。许多问题,他不需要去现场,只要听人讲解大概情况,就能很快找出"症结"所在。

1979年,23岁的窦铁成没有参加高考却通过了中铁一局的招工考试。窦铁成回忆说,那个年代,百废待举,人人憋足了劲要干出点什么来,而我当年从陕西蒲城农村出来时,只带着妻子的定情信物一条手绢和长辈的干一行、爱一行、通一行的重重叮嘱走上了工作岗位。

窦铁成能练成这样"出神入化"的技术本领,与他的干一行、爱一行、通一行的努力与刻苦是分不开的。窦铁成坚信一个人可以没有文凭,但不能没有知识和技能,参加工作后不久,窦铁成买来《高等数学》《电工学》《电磁学》《电子技术》《电机学》等书籍,开始了艰难的自学。60多本、百余万字的工作学习日记是

## 第二章
**热爱工作：爱岗敬业是员工职业道德的起点**

他孜孜不倦学习的见证。从一个普通的电工成长为高级技师，其间付出多少努力，也许只有窦铁成个人才清楚。

1983年，27岁的窦铁成成为中铁一局最年轻的工程负责人。同年，他作为施工队长承担了国家重点工程京秦铁路沱子头变电所的施工任务。这是他接触的第一个大型变配电所，谈起25年前的这个工程，窦铁成仍然感觉压力大、信心不足，他说当时唯一的想法就是全力去拼，不能辜负领导的信任，结果是付出的最多，学的东西也最多。白天他和大家一起开沟敷线，到了晚上，他就把自己关在狭窄湿热的调压器室内，一张张图纸、一条条线路、一个个节点分析，仔细研究电缆怎么走、设备如何安装。凭着永不言败的精神和一股倔劲，窦铁成把七套不同技术的图纸弄得明明白白。后来，工程顺利验收并获得了国家优质工程银质奖。此后，他带领工友们先后负责安装的37个铁路变配电所，全部一次性验收合格，一次送电成功，获得了国家级优质工程、铁道部优质工程奖、中国中铁优质工程奖、中国建筑工程鲁班奖等十多个奖项。

2006年7月，窦铁成参加浙赣铁路板杉铺牵引变电所施工工程。这个变电所是浙赣铁路规模最大、技术含量最高的变电所。施工过程中，变电所的变压器引入导线设计要求为铜板双导线，但国内没有这种产品，交工日期已经逼近，大家把目光投向了老窦。连续5个晚上，他在宿舍写写算算，反复推敲。5天后，"简化结构，保证功能"的产品加工方案"出炉"：利用现场既有的铜排、铜螺栓等材料，加工制作出符合技术和功能要求的全铜间隔棒，完全达到技术指标。后来，该技术在900多公里的浙赣线电气化改造工程中迅速推广，节约成本4倍多。由他负责安装的45个铁路变配电所，全部一次性验收通过，一次送电成功，获得"优质工程"称号。

参加工作30年间，他提出实施设计变更、解决技术难题、排除送电运行故障，为企业挽回经济损失及节约成本 1300 多万元。从一名只有初中文化的农村青年，成长为给企业创造上千万元效益的电力专家，窦铁成以 30 年的不懈努力，实现了人生的跨越。

员工职业道德建设中的每个员工都应该向窦铁成学习，做一名干一行、爱一行的员工。在工作中，每一位员工都要干一行、爱一行。这实质上就是一种对事业高度负责的精神，它不仅是工作作风的内在要求，更是精神品格和人格魅力的外在表现。只有个人责任力强了，企业的战斗力和竞争力才能够得到有效提升。每一行都有其苦与乐，除非你实在厌恶了某个行业，否则最好不要轻易转行，因为这样会让你中断学习成长的机会。唯有把那份工作当做一种不可推卸的责任担在肩头，全身心地投入其中，才是正确与明智的选择。社会上许多知名的企业家和优秀的职场精英，他们也许没有上过大学，却作出了非凡的贡献，甚至取得了超出常人的成就。原因何在？就在于他们在工作中干一行、爱一行。

良好职业道德首先要求员工尊重自己的工作！从浅层意义上讲，拿人钱财，给人干活是天经地义的事。也就是平时我们说的，这是为了对老板有个交代，这是做人最基本的原则。从深层意义上来说，那就是工作其实就是我们的事业，员工必须具备一定的使命感和道德感。不管从哪个层次来讲，员工都必须尊重自己的工作并且有始有终，而不管职业是什么。倘若你是一个懂得尊重自己工作的人，那么，即使你的工作业绩并不那么突出，也没有人会挑你的毛病。同样，尊重自己工作的人也更易受到提拔。因为，没有老板不喜欢尊重工作的员工。古语有言："在其位、谋其政，敬其事。"只要我们拥有一个岗位，我们就有义务尊重自己的工作，也有责任把岗位工作做好，对工作负责。所以，我们要干一行、爱一行。

## 第二章
### 热爱工作：爱岗敬业是员工职业道德的起点

## 勤勤恳恳，一份付出就多一份收获

勤勤恳恳把工作做好，是一个人职业生涯充实而又有意义的起点。无论从事什么性质的工作，首先自己要用心，这样工作才会有目标、有动力、有责任。我们员工要懂得一份付出就多一份收获。

"付出多少，得到多少"是一条基本的社会规律，也许你的投入无法立刻得到回报，但不要气馁，一如既往地付出，回报可能会在不经意间，以出人意料的方式出现。除了老板以外，回报也可能来自他人，以一种间接的方式来实现。在工作中，有很多时候需要我们比他人每天多做一点点，工作就可能大不一样。尽职尽责完成自己工作的人，充其量只能算是称职的员工。如果你在工作中能多做一点点，你就可能成为优秀的员工。无数事实证明：成功的最短途径是勤奋。比他人多做一点点不仅是员工良好职业道德的一种体现，更是员工做事获得成功的秘诀。

五年前，杰利在华盛顿市的希尔顿饭店担任夜间核数员的工作。有一天晚上，当他正在大堂核实一项数据时，他接到了一个电话。

从显示器上可以看到，这是一个长途电话，杰利接通了电话。

"喂，您好！我是希尔顿饭店的杰利，有什么可以为您效劳的吗？"

"哦，你好！"传来一个女人的声音，"迈克·杰瑞先生是我的丈夫，他现在正住在你们酒店的家园套房里。明天是我丈夫的生日，我们五岁的女儿莱丽想送父亲一个小礼物，你是否能帮她

31

一个小忙?"接着,电话里传来了小女孩的声音:

"叔叔,你好!我是茱丽,我想送爸爸一件生日礼物!"

"是什么礼物呢?"杰利问。

"一份有薄煎饼、鸡蛋、熏肉的早餐。那是平时爸爸最喜欢吃的早餐了!"小女孩说。

"太好了!我能为可爱的小姐做点什么吗?"

"请帮我订一份早餐送给爸爸!"

"好的!愿意为你效劳!"杰利很高兴地说。杰利知道,酒店里并没有配套的早餐服务,这也不属于他的工作范畴,但他不愿让小女孩失望。

第二天一大早,是杰利下班的时间,他开车在附近寻找有薄煎饼、鸡蛋和熏肉的早餐。买到早餐后,他让人打好包装,当他路过一个小礼品店时,他又停下来,买了一张小贺卡,用一支蜡笔在上面写上:祝爸爸生日快乐!爸爸的乖女儿,茱丽。

然后,杰利返回旅馆,把餐盒送到家园套房的迈克·杰瑞手里,这位父亲又是惊讶又是感激。

杰利并没有认为自己做了一件大好事,他只是不愿意让小女孩失望。他和迈克·杰瑞先生一样,有一个可爱的小女儿,假如茱丽是自己的女儿,他能拒绝她的要求吗?

他问自己。

杰利没有想到的是,这个小小的礼品,这份包含着父女之爱的早餐,给一个长期出门在外的父亲带来了多少的欣慰和快乐——迈克·杰瑞先生得到的是来自家庭的温馨,这份家庭的眷爱并没有因为他的远离而有所减弱,而是陪伴着他、跟随着他,这让他深深感动。

使迈克·杰瑞感动的还有一个原因:酒店的服务者杰利,他完全理解这份朴素礼物的珍贵含义,并完美地实现了它。虽然买一份早餐并不需要付出太多精力,但一个能提供如此周到的

## 第二章
### 热爱工作：爱岗敬业是员工职业道德的起点

服务，并在自己的服务中能体现出温情的人，毕竟只是少数。因此，在迈克·杰瑞先生离开酒店前，他详细询问了杰利的情况，并将杰利的名字保存在自己的记事本里。

事情已经过去了两年，杰利突然接到了一份邀请函，邀请他参加在纽约举行的一个活动：纽约威尔饭店的开幕仪式，发出邀请的正是那个细心的父亲，他还特意邀请杰利的女儿和妻子参加。

杰利接受了这位父亲的邀请，并细心地为威尔饭店进行了各种数据的核算。像上一次一样，这并不是迈克·杰瑞先生邀请他的目的，但杰利仍然这样做了，照他的话说，这正是他的工作，而他并不在意再多做一点点——他又为迈克·杰瑞的饭店节约了一项不必要的开支。

这件事过去三个月后，杰利再次接到迈克·杰瑞的邀请，他在信里说，如果杰利想要在纽约工作的话，他可以为他提供一个职位——他正期待着一位像杰利那样的助手，和他一同打理威尔饭店。

杰利又一次接受了邀请，加入到对他来说是一个全新的职务中，由于他在以前酒店工作的经验，他很快胜任他新的工作——杰利，就是那位不在乎再多做一点点的核数员，就是那个愿意放弃40分钟休息时间，为一个并不认识的小女孩提供了理想服务的杰利，现在已经是威尔饭店的股东之一，而这件事仅仅过去了五年。

追究杰利的人生发生改变的原因，它的起因也许是一个小小的偶然：一份包着包装纸的早餐，一张不起眼的生日贺卡——仅此而已，但实际的情形却完全不是这样的简单，因为在杰利的日常工作中，充满了这样的琐事，那些在别人看来也许与自己无关的事情，杰利的看法却正好相反。他愿意舍弃自己的时间，在自己的工作之外，再多做一点点。他不是一时兴起,也不是突然而来的好心情,不是看着今天的天气,也不是看见老板的身影就在附近的大厅里——与这些都没有关系,他把发生在自己工作中的事,看做是自己的职责和义务,难道你有理由拒绝你的顾客表示自己满意的机会吗?拒绝让他们因为一次周到、体贴的服务,而让整个旅行都成为了美好回忆的机会吗?

  杰利没有拒绝这样的机会,没有放弃自己再多做一点点的工作原则,而正是这一点点的工作,使他显得如此与众不同,使自己从平庸的工作理念中摆脱出来,成为一个愿意为自己的工作带来变化和欢乐的人,这样的人,在任何场合都是受人欢迎的,都能给人留下深刻印象,而他的成功,用他的话来说却是如此朴素:何妨多做一点点?"每天多做一点点"是走向成功的工作准则。成功靠什么?从某种意义上讲,就是靠我们每天比他人"多做一点点"。古人云:"业精于勤,荒于嬉。"这里所说的"勤",也就是比别人多做一点点,即付出更多的劳动和努力。不要小看这"一点点"。古语说:"集腋成裘,积沙成丘。"如果我们确确实实地每天比别人多做一点点,那么,日积月累,我们就能比别人取得更大的成就,拥有更多的收获。

  在员工职业道德建设中,我们常常会遇到这样的情形:领导或者同事有时会让你做一些额外的工作。这个时候你应该怎么办?不少人会以"这不是我分内的工作"为借口进行推托,最后即使是去做了,也是迫于领导的压力,或碍于同事的面子,但自己却心不甘、情不愿、气不顺。其实,世间自有公道,付出总有回报,这是颠扑不破的真理。千万不要去嘲笑那些多做额外工作的人,其实,他们并不傻,只是他们的心地宽、眼光远、抱负大。

## 第二章
热爱工作：爱岗敬业是员工职业道德的起点

## 4
## 主动做事，别把问题留给他人

工作首先是一个态度问题，是一种发自肺腑的爱。因此，工作需要热情和行动，需要一种积极主动、自动自发的精神。什么是自动自发？自动自发就是在没有人要求、强迫你的情况下，自觉而且出色地做好自己的事情。一个员工只按照上司的吩咐去做事，来换取薪水，这是不行的。在员工职业道德建设中，每一个人都必须以准备成为老板的心态去做事。如果有了这样的心态，在工作上一定会有种种新发现，其个人也会逐渐成长起来。

几年前，在某次于西班牙举办的国际产品展示会上，吸引了来自世界各地的很多企业参加，其中有不少来自中国的企业。其中，有一家从中国来参会的公司，参展人员由该企业的市场部经理带领。在开展之前，每家参会公司都有很多的准备工作要去做，比如展位的设计与布置、资料的整理与分装、产品的组装等等。要完成好这些准备工作，就必须依靠大家加班加点地去工作才行。没想到，市场部经理带去的这帮安装工人，绝大多数人还跟在国内时一样，不肯多干一分钟活，等到下班时间一到，便纷纷溜回宾馆去了。市场部经理见准备工作还差得很远，便要求他们来把活干完了再去玩。没想到他们竟然说："一分钱加班费都没有，凭什么让我们干啊，我们有那么傻吗？"更有甚者还说："经理，你也只是一名打工仔而已，不过就是职位比我们高一点点，别犯傻了，何必为老板那么卖命呢？剩下的活，明天再干吧，来得及！"为了把准备工作及早做好，市场部经理只好和一名主动留下来的安装工人一起,加班加点地在展厅里干活。

在开展的前一天晚上,老板亲自来到展场,检查展场的准备情况,此时已是凌晨一点。令老板感动的是,市场部经理和那个安装工人还在那里辛苦地忙活着,细心地擦着装修时粘在地板上的涂料。令老板吃惊的则是,其他人一个也没在。一见到老板,市场部经理就赶忙站起来说:"董事长,您处罚我吧!我失职了,没能让所有的人都来加班工作。"没想到,老板一点也没有责怪他的意思,而是轻轻地拍了拍他的肩膀,让他放宽心。接着,他指着那个安装工人问市场部经理:"他是在你的要求下才愿意留下来加班的吗?"市场部经理连忙回答:"不是,他是自己主动要求留下来加班的。而且,在他留下来时候,其他工人还一个劲地嘲笑他是傻瓜,说他没必要那么卖命,老板也不在,就算累死了老板也看不到,还不如回宾馆美美地睡上一觉。"听了市场部经理的叙述后,老板当时并没有做任何表示,只是招呼他的秘书和其他几名随行人员也加入到展位的准备工作中去。

参展结束后,一回到公司,老板就开除了那天晚上没有参加劳动的所有人员,同时,将那名主动加班的普通安装工人提拔为一家分厂的厂长。被开除了的那帮人非常不服气,找到了人事部经理理论:"我们不就是多睡了几个小时的觉吗,凭什么炒我们鱿鱼?而他不过是多干了几个小时的活,凭什么当厂长?"他们所说的"他",就是那个被提拔了的工人。

人事部经理对他们说:"其实,市场部经理当时只是让你们一起加加班,提前把参展的准备工作做好。而你们呢,一听到要加班,就满腹牢骚、抱怨不已。用自己的前途去换取几个小时的懒觉,这是你们的主动行为,没有人强迫你们那么做,怨不得谁。而且,我通过调查了解到,你们在平日工作里也经常偷懒。每天下班时间一到,你们就连人影都找不到了。每次要求你们加班,你们就怨声载道,喋喋不休地和公司谈价钱。而他呢,虽然只是

## 第二章
### 热爱工作：爱岗敬业是员工职业道德的起点

多干了几个小时的活,但据我们考察,他为人积极负责,平日里默默地奉献了许多,比你们多干了不知多少活,提拔他,是对他过去积极奉献的奖赏和回报!"

这就是积极主动、自动自发的体现。只有以这样的态度对待工作,我们才有可能获得工作所给予的更多的奖赏。工作需要自动自发的精神。只有自动自发工作的员工,才能获得真正的成功。一个人如果想在工作中脱颖而出,最重要的一点是:能够自动自发地工作。在工作中越积极主动,越能得到周围人的认可,对自己的前景越有帮助。

英特尔总裁安迪·葛洛夫应邀到加州大学伯克利分校作演讲,他对毕业生发表演讲时提出以下建议:"不管你在哪里工作,都别把自己只是当成员工——应该把公司看作是自己开的一样。"当然,这番话的真正用意并非建议你对公司的事务指手画脚,横加干涉,而是希望你提高自己工作的主动性,换一种积极的思路考虑问题,学会站在老板的角度上思考问题。员工只有树立这种老板的心态,以一种主动做事的意识来对待工作、公司,才能获得领导的青睐!

朱和平是郑州市管城回族区垃圾清运公司的一名员工。她1973年参加工作,作为一名普通的环卫工人,以高度的自动自发精神,三十年如一日,默默无闻,任劳任怨,把毕生精力奉献给了平凡的环卫事业,被誉为"当代的时传祥"。

环卫工人是什么？说白了,就是扫大街的。一个再平凡不过的工作岗位。但朱和平深深热爱自己所从事的"天底下最清洁的工作"。起初她也自卑过、沮丧过,是身边"老环卫"们苦中寻乐的精神感染了她,耐心的言传身教感动了她。这个腼腆害羞的姑娘,最终克服了心理障碍,用满腔热情干起了别人不愿干的工作。"咱这棵小草能为城市添点绿也挺好!"

作为一名女清运工,朱和平干的是和男人一样的重体力活。

37

恪守职业道德　提升职业素养
Keshou zhiye daode  tisheng zhiye suyang

她负责的区段,街窄巷深,是管城回族区最繁华、最凌乱的一块,垃圾量大、点多,每天要拉几百斤的架子车走四五十里路,起初她脚肿得鞋都穿不上。后来垃圾车改成东风自卸车。夏天,垃圾场里臭气熏天,苍蝇乱飞,不敢开车窗,坐在驾驶室里,人就像在"蒸桑拿";冬天,驾驶室冷得像冰窖。有年夏天正值西瓜大量上市,大雨过后,垃圾量猛增,每个清运点垃圾都堆成小山一般。抢运时,和平的右脚不慎踩在了玻璃碴儿上,顿时鲜血直流。她到附近医院草草地包扎了一下就又上了车。大伙劝她休息,她说:"我没事儿,垃圾再不运出去,附近的群众可就遭殃了!"

朱和平爱车,在单位出了名。全公司25台垃圾清运车,哪一台最干净,那一台肯定是她的。每天清运完垃圾,她都要把车擦洗干净才回家。2001年11月30日,是朱和平开垃圾清运车的最后一天。由于视力原因,她从此再也不能开车了。那一天,她回家很晚,到家后对女儿说:"我今天很难过。最后一次擦车时,我都掉泪了,跟车说了好多悄悄话。"管城区垃圾清运公司领导感叹:"不是深爱着这份工作,朱和平不会如此痴迷!"

如果说朱和平痴爱这份工作,起初只是一种良知和"不清楚为啥"的本色的话,那么后来就是责任和使命。她曾在不同场合袒露心扉:"拿国家的工资,就要对得起这份工作","一个岗位就是一份责任"。多年来朱和平每天早晨4点钟起床,天天工作10~12个小时,年年满勤,年年工作量第一。仅开垃圾清运车的22年,就运送垃圾20万吨,行车100多万公里,相当于绕地球25圈。

要想在现代社会中获得成功,就必须改变自己工作中不够主动、听吩咐才做事的被动性格,努力培育自己的自动自发精神。自动自发就是没有人要求你、强迫你,却能自觉而且出色地做好自己的工作。那些成功人士很早就明白,凡事都应该积极主动,并且对自己的行为负责。因为没有

人能保证你成功,只有你自己;也没有人能阻挠你成功,只有你自己。一个人具有了主动工作的意识,也就具备了成功的思想基础和关键。作为员工,要想获得最高的成就,就要永远保持自动自发的精神,在工作中投入自己全部的热情和智慧。

## 5

## 寻找岗位乐趣,充满激情地工作

在员工职业道德建设中,一个员工对待工作的精神状态,往往决定了他日后事业成就的高低。不管从事的是什么工作,一个懂得将工作当做一种享受的员工,工作起来更加有激情,他们会主动积极地去工作,并从工作中找到实现自己理想的乐趣。从另一方面来说,能将工作当成一种享受而不是劳役的员工,更懂得充满激情地工作。

在一场专家组织的针对职场人士的调查中,发现了一个现象:在145名受访者中,仅仅有37%的人感到工作"有所收获",52%的人则感到"工作毫无乐趣",还有11%的人觉得"无所谓,得过且过"。对此,有人形容,工作是在爬一座无形的山,员工之所以感觉不到快乐,只是过于在意山路的陡峭却忘了欣赏爬行中美丽宜人的风景。其实,风景一直在那儿,始终未曾改变,只是需要你用心去寻找,用心去欣赏,用心去感受!而工作中绝大多数美好的风景就来源于员工对于工作所产生的兴趣,有了兴趣,工作风景也就自然美丽了。

## 恪守职业道德 提升职业素养

刚子本科毕业后就被分到了一家国有企业,然而国有企业不太变通的制度却让刚子觉得自己的才能就这样被埋没了。因此,刚工作不久的他就开始变得唉声叹气、抱怨连连,此时的工作已经不再是悠闲地享受,而成为了一种煎熬。

这种情况维持了几个月后,刚子上班的脚步开始变得轻快起来。在一次周末爬完3000多米的高山后,周一从进入办公室开始,刚子逢人便开始说自己爬山的经历多么有趣,沿途的风景有多么美妙,登峰一刹那的快感有多么让他怀念。然而,让他沮丧的是,现在他又置身在了办公室中,觉得无趣的他跌坐在了椅子上:"哎,又该上班了。"看到刚子这个表情,同办公室的同事问道:"爬山和上班,哪个更耗体力?""当然是爬山了,我脚也磨破了,腰到现在还是酸的呢。"这位同事紧接着又问道:"为什么爬山那么累,你还能那么兴奋,而面对轻闲的工作却总唉声叹气?何不把工作也当成爬山,工作中的变化就是爬山途中美丽风景的变换,而每完成一项工作时你岂不是都能体会到登顶时的快感。"自此,刚子心领神会,每天都能从工作中找到乐趣,并且乐在其中。

美国作家威廉·菲勃斯说:"成为成功者的主要条件是,每天都对自己的工作感到新奇。"工作没有成就感,是因为你没有将工作兴趣化,如果能将工作升华成为有趣的游戏,相信你无时无刻不感到工作的喜悦。世界上没有一份工作是时刻充满趣味的,任何工作干久了都会让人感到厌烦。其实,这不是工作本身的错,而是我们自己缺乏战胜这种枯燥、乏味的思想和方法,同时也是工作态度不够正确的原因。只有觉得工作是一种快乐时,工作态度才能变得主动积极,将自己投入到工作中,开始快乐地工作。将自己的心态调整好,让眼前的工作成为你快乐的源泉吧!因为工作本身或工作环境并没有好坏,你对它笑脸相迎,工作的快乐也将无

处不在，即使是在不如意之时。

有一位叫臧勤的出租车司机，被人称为"司机明星"。他今年42岁，在上海大众出租车公司工作。臧勤说，自己想做一名有素质、有头脑、有文化、很快乐的"车夫"。他平时喜欢看很多书，还有《财富人生》这类的电视节目，当然不只是单纯地看，还要去思考。这位开了17年出租车的司机近几年来平均月收入达到10000元左右，而他在工作中表现出的过人智慧也越来越为更多的人所熟知。

臧勤在工作中运用了一种"管理人员的思维方式"，他对营业数据进行统计、分析的工作方式令人耳目一新。他在从计价器的详细记录研究了一天后得到了这样的结论："我每次载客之间的空驶时间平均为7分钟。乘客上车后。10元起步价大概需要10分钟。也就是说，我每做10元生意要花17分钟的成本。"

在根据核算得出"20元到50元之间的生意，性价比最高"的规律后。他仔细研究了自己的行车线路，注意总结经验，创造出每做好一单生意之后，还要往哪儿拐弯，怎样规避交通高峰，"通过挑选行车线路来主动选择所载的客人"等运营理念。

此外，他十分注意收听电台广播，特别留心市内举办的商业交易会等活动资讯，"靠资讯引领生意"。他所在车队的负责人表示，"像他这样用脑子开车的驾驶员确实罕见"。

臧勤更是一名"快乐的哥"。他说："很多司机都抱怨，生意不好做啊，油价又涨了啊，都从别人身上找原因。我说，你永远从别人身上找原因，就永远得不到提高。从自己身上找找看，问题出在哪里。"

让臧勤最得意的是他和乘客之间"良好的互动"。17年"的哥"生涯中，他还发展了一批"回头客"，长期客户中不乏外籍人士,他们常常包租他的车,这些都给臧勤带来了不菲的收入。

臧勤的故事流传开后,很多人都知道了他,也有不少人说他做司机太委屈了。应该去公司做个高级管理人员。

臧勤却不这样认为。他说:"我只想做一个平凡的司机,我现在的生活很快乐。但是我要做很快乐、有思想、有素质的司机,所以我还需要学很多知识,不断提高自己。"

臧勤的工作很普通,仅仅是开出租车,但他爱动脑筋,全身心地、尽职尽责地投入到工作之中,想尽一切办法把自己的工作做得完美。而他所得到的,绝不仅仅是10000元的月薪,更可贵的还是因为自己的出色表现而带来的自信与快乐。

能不能从工作中感受到乐趣,归根到底是一个心态问题。视工作为乐趣,你就能开心地工作;视工作为痛苦,你就陷入了消极被动的境地。其实,工作本身是没有意义可言的,它总是充满了机械性、重复性,但如果我们赋予了它意义的话,工作就会变得有趣。因此,我们所从事的工作是单调乏味还是充实有趣,往往取决于我们对待工作的态度。那么,我们该如何培养对工作的兴趣呢?

(1)从事自己热爱的工作。

当我们在做自己喜欢的事情时,很少感到疲倦。例如,你很喜欢踢足球,即使踢了整整一天也不觉得疲倦,为什么?因为踢足球是你的兴趣所在,你从中享受到了快乐。产生疲倦的主要原因,是对某项工作不感兴趣,这种心理上的疲倦是一个人失去工作干劲的最大原因。

(2)将幽默带到工作中去。

适当的幽默可以让人消除紧张和疲劳。幽默感是一种视困难为乐趣的挑战精神,这对你能否有最佳工作表现而言是不可或缺的重要因素。幽默是兴奋剂,它让人工作起来更加津津有味,也就更有效率。如果在你的周围摆放一些幽默材料——让你的办公室随处可见笑话、卡通画、幽默新闻图片及电子邮件、滑稽图案等物品,或者积极培养自己的幽默感,那

么,你就能够处于可获得最佳表现的精神状态之中。

(3)适当改变自己的工作环境。

适当地改变工作环境,能够激发自己的工作乐趣。比如,用幽默的小玩意装点办公桌,也可以摆放一些以往成就的纪念物。还有,你可以在办公室的家具摆设、装饰装潢、背景音乐及布告牌方面做一些改变来激活你的积极情绪,从而将你的工作地点变成一个刺激物的"聚居地"。

## 6 保持自信而健康的心态

古语说:"身安不如心安,心宽强于屋宽。"这说明一个健康的人既要有健康的身体,同时也要有健康的心理。国际卫生组织也指出健康不仅是身体健康,还包括心理健康和良好的社会适应能力。心理健康与生理健康可谓是一对孪生兄弟,而心理健康在某种程度上而言要比生理健康更为重要。所以仅仅身体健康,不等于健康,也不等于心理健康。只有两者都备,一个人才能算作健康。

曾经有一个年轻人,起草了一份幸福清单,上面列着:健康、美貌、才智、爱情、权利、财富、成功。当他把这份幸福清单交给一位睿智的长者时,长者却告诉他:"你少了一样最重要的东西。"

"那是什么?"他问。

长者告诉他:"是健康快乐的心灵,这是上天给人类的最高赏赐。有了它,你的生活无论是艰难坎坷、充满荆棘,还是一帆风顺、艳阳高照,你都不会被压垮,无论你的际遇如何,你都能执着坦然地向着自己的目标走去。"

心理健康影响人生。很多人都很在意"病从口入"的预防,却很少明白"病由心生"的道理。其实心理健康对人生、前途、事业的影响远甚于身体健康,一个肢体残缺的人仍然可以拥有一个美好的人生,可一个心理不正常的人就算他有如花的容颜、天纵的英明,他的船也驶不进成功的港湾,他的幸福也找不到方向。

现代医学证明,生理健康和心理健康都很重要,缺一不可。那么,什么是心理健康呢?心理健康主要指人的精神、情绪和意识方面的良好状态。包括智力发育正常、情绪稳定乐观、意志坚强、行为规范协调、精力充沛、应变能力较强、能适应环境、能从容不迫地应付日常生活和工作压力、经常保持充沛的精力、乐于承担责任、人际关系协调、心理年龄与生理年龄相一致、能面向未来等方面。对于员工来说,心理健康才能适应现代瞬息万变的环境;才能提高承受各种压力的能力,才能从容不迫地面对生活。

随着社会压力和市场竞争的加剧,越来越多的企业员工受到各种心理问题的困扰。职场中的风云变幻激烈竞争、复杂的人际关系纠葛、自我性格的缺陷、心理隐藏的不安情绪、隐秘的不为人知却让他们自己深受折磨的不良行为、难以启齿的人格障碍……这一切的一切,如同沉重的大山一般压在他们的头上,让他们不堪重负、身心疲惫、面容憔悴、满怀焦虑,而这些或轻或重、或明或暗的心理问题若是得不到及时有效的调适,就会转化为心理危机。那样,不论对于企业,还是对于员工而言,都不啻于一场灾难!在员工职业道德建设中,员工常见的不良心理表现比较集中的方面有:第一,工作方面表现为业绩焦虑、不稳定、压力过大、负担过重、工作不理想、缺乏动力、厌倦情绪比较严重、没有挑战欲望。第二,人际关系方面表现为沟通不良,交往恐惧、人际冲突、关系失调、孤独封闭、缺乏社交技能等,从而产生自卑、自负、嫉妒、冷漠等不健康心态。第三,恋爱方

## 第二章
### 热爱工作：爱岗敬业是员工职业道德的起点

面表现为与异性交往困难、因单相思而苦恋、失恋、陷入多角关系不能自拔、对性冲动的不良心理反应等。第四，人生态度方面表现为对人生意义的理解、人生价值的取向、人的本质的认识等问题产生消极的评价倾向。经不起批评、打击和失败。第五，其他如家庭关系、经济问题、职业选择、个人发展方面，也常出现困惑和苦恼以及情绪的不稳定等。

诺贝尔化学奖获得者、法国科学家维克多·格林尼亚由于出生于一个百万富翁之家，从小过着优裕的生活，所以养成了游手好闲、摆阔逞强、盛气凌人的浪荡公子恶习，但后来的一次重大打击改变了他的习性。

一次午宴上，他对一位从巴黎来的美貌女伯爵一见倾心，但是，他却听到一句冷冰冰的回话："请离我远点，我讨厌被花花公子挡住视线。"女伯爵的冷漠和讥讽，第一次使他在众人面前羞愧难当。

突然间，一种油然而生的自卑感使他感到无地自容，他甚至想到了自杀。

后来他离开了家庭，只身一人来到里昂，在那里他隐姓埋名，发奋求学，进入里昂大学插班就读，并断绝一切社交活动，整天泡在图书馆和实验室里。这样的钻研精神赢得了有机化学权威菲利普·巴尔教授的器重，靠着名师的指点和他自己长期努力，他发明了"格氏试剂"，发表了200多篇学术论文，最终被瑞典皇家科学院授予1912年度诺贝尔奖。

在员工职业道德建设中，一个人可以长得丑陋，可以遭遇贫穷，可以经受磨难，但绝不可以丧失了自信。因为强大的自信可以将一切厄运转化成适合幼苗生长的空气、土壤和水分。因此，心理健康能够给予一个人精神的力量，也决定了一个人的良好命运，并且在关键时候，其心灵的力量能够拯救自己的生命。

幸福人生的经验告诉我们：心理健康是幸福的源泉，没有快乐饱满的心理状态，生活在眼里会变成灰色。试想，一个原先身体很健壮的年轻人，如果老是怀疑自己得了什么重病，那么不仅他自己会整日心情忧郁，度日如年，甚至会完全丧失劳动能力，就是其周围的亲友也会被弄得痛苦不堪。而这种情况一旦出现，有时会比一个真正患病的人还要折磨人。可见，心理健康的意义是巨大的，幸福的人生应当建立在健康的基础之上。

世界卫生组织曾对健康给出这样的定义：健康不仅仅是没有疾病，而是身体上、心理上和社会适应上的完好状态。也就是说，人的健康包括身体健康、心理健康和社会适应功能良好三个方面。因此，在世界卫生组织的健康概念中，"精神上的完满状态"成了健康的三大标志之一。对此，联合国世界卫生组织具体提出了人的身心健康标准，一共有8条：

(1) 吃得快。

吃得快是指进餐时有很好的胃口，能很快吃完一餐饭，并且对食物没有什么挑剔，食欲与进餐时间基本一致，这表明内脏功能正常。吃得快并不是说要风卷残云般进食，而是指吃饭时不挑食、不偏食，没有难以下咽的感觉。吃得顺利，食欲正常，进完餐感到很饱足，没有仍旧很饿或腹胀的情况。

(2) "便"得快。

"便"得快是指有便意时，能很快地、顺利地排泄大小便。而且感觉轻松自如，在精神上有一种良好的感觉，说明胃肠功能良好。

(3) 睡得快。

睡得快是指睡眠有规律，夜晚上床能很快入睡，而且睡得深；醒后精神状态非常饱满。睡得快关键的是质量，如睡的时间过多，且睡后仍感疲乏无力，说明心理与生理上出现了问题，如各种心理生理障碍、神经症。睡得快说明中枢神经系统的功能正常而协调，且身体各脏器对中枢神经系统没有干扰。

(4)说得快。

说得快是指说话流利,语言表达正确,说话内容合乎逻辑。能根据话题转换随机应变。表示头脑清楚,思维敏捷,中气充足,心肺功能正常。说话不时常停顿、下意识重复或前言不搭后语,说话不觉吃力,没有有话说而又不想说或说话过程中有疲倦之感,没有大脑反应迟钝、词不达意的情况出现。

(5)走得快。

走得快是指腿脚灵活,迈步轻松、有力;转体敏捷,反应迅速,动作流畅。证明躯体和四肢状况良好,精力充沛旺盛。因诸多病变导致身体衰弱均先从下肢开始,人患有一些内脏疾病时,下肢常有沉重感;心情状况不良时,则往往感到四肢乏力,步履沉重,行动迟缓。

(6)良好的个性。

良好的个性是指言行举止能被别人认可,能够在适应环境中充分发挥自己的个性特点,没有经常性和持续性的压抑感。感情丰富,热爱生活,总是乐观向前,胸怀坦荡。

(7)良好的处世能力。

良好的处世能力是指看问题符合客观实际,自我控制能力强,与人交往的行为方式能被大多数人认可和接受。适应复杂的社会环境,对事物的变迁能始终保持稳定而良好的情绪,在不同的环境中能保持适应性,能保持对社会外环境和肌体内环境的平衡。

(8)良好的人际关系。

良好的人际关系是指有与他人交往的愿望,有选择地交朋友,珍视友谊,尊重别人的意见和人格。待人接物能大度和善,既能善待自己、自尊自爱、自信自强,又能宽以待人,对人不吹毛求疵,在人际关系问题上不过分计较。

因此,在员工职业道德建设中,健康不仅仅是指没有疾病或病痛,而且是一种躯体上、精神上和社会适应上的完全良好状态。对此,我们员工也要重视。

# 第三章　文明有礼：良好形象是员工道德修养的体现

　　礼仪直接体现了一个员工的思想道德水平、文化修养和处世交际能力，对个人工作和生活的顺利与否有着至关重要的影响。礼仪是个人、组织外在形象与内在素质的集中体现。于个人来讲，礼仪既是尊重别人同时也是尊重自己的体现，在个人事业发展中起着重要作用。它能提升人的涵养，增进了解沟通，细微之处显作用。对内可融洽关系，对外可树立形象，营造和谐的工作和生活环境。

恪守职业道德 提升职业素养
Keshou zhiye daode tisheng zhiye suyang

## 1

## 得体的服装,穿出自己的职业形象

在美国的一次形象设计调查中,76%的人根据外表判断人,60%的人认为外表和服装反映了一个人的社会地位。毫无疑问,服装在视觉上传递你所属的社会阶层的信息,它也能够帮助人们建立自己的社会地位。可见,穿着不仅是职业生涯的一种道具,更是通向成功之路的一张名片。因此,法国时装设计师夏奈尔曾说:"当你穿得邋邋遢遢时,人们注意的就是你的衣服;当你穿着无懈可击时,人们注意的是你本人。"

人靠衣装马靠鞍。在员工职业道德建设中,注重形象,其实反映出一种积极的工作态度。员工个人的形象,不仅仅是由大节构成的,每一个小小的细节都给观察者一个无限的想象空间,它们在无声地揭露你的现状,悄悄地告诉人们你的故事。人们在它们的指导下,回忆你成长的历程、体验你生长的家庭和社会环境背景。

怡静是一家广告公司的老总,在35岁以前她面对需要唇枪舌剑激烈争辩的对手时,总显得底气不足缺乏信心,一身单调的职业装以及一头冗长的头发,让她在谈判的关键时刻备感压抑。之后一个偶然机会,她接受了形象设计公司的专业指导,在形象设计师的坚持下,怡静剪掉了已留多年的长发,换上了一身庄重并富有朝气的高档套装。从此以后,她总能以优雅干练、精神饱满的面貌出现,并自信地表达自己的立场,游刃有余地坚守底

线,而对手只能屈服在这个焕然一新的女强人面前。

在大部分社交场所,你要看起来就属于这个阶层的人,就必须穿得像这个阶层的人。正因如此,很多豪华高贵的国际品牌的服装,虽然价格高得惊人,却不乏出手不眨眼的消费者。我们不妨想一想自己身边的人,那些穿着不凡而出众的人,自然会让我们另眼相看。而对于那些衣衫不整的人,我们会低估他们的能力和品位。服装在事业上的作用不但不可忽略,而且相当重要。无论选择雇员还是提升职员,如果面临着竞争,我们可能更容易倾向于那个穿着出色者,因为庄重而有品位的着装能够赢得我们的信任。

美国《时代周刊》被誉为"美国第一位服饰工程师",约翰·摩洛埃曾经做了这样一个有关服装的研究:他派一位上层社会出身的大学生去100家公司,每家公司老板都事先通知秘书,这是他新招聘的一位助理,当老板不在公司的时候,请秘书听助理的指挥。而助理通常都是要求秘书提供3份职员的个人档案。实验将100个企业分成两组,第一组,助理穿着高档服装,头发梳理得一丝不乱,一副成功人士的打扮;在第二组里,助理穿着普通服装,十足一个刚毕业的学生模样。有意思的事情发生了,在第一组实验时,几乎所有的秘书都有求必应,其中42次在10分钟之内,助理要的3份员工档案到位;第二组里,也就是穿着普通服装的助理受到了冷遇,1/3的秘书表情冷淡或有微词,10分钟内员工档案到位的情况只有12次,其余以各种理由推脱或不理。

这个试验让我们重新认识了服装的作用,它不仅仅是遮羞、保暖和美化生活,它还是一个职业人士走向成功的手段。所以你在从事服务工作时,服装应该穿得大方、得体,给客人以美感,把高贵和尊贵留给客人,这就是你的最佳着装。

李兰工作能力很强，与同事相处也都很融洽，唯一美中不足的一点是：她的外表实在是有点邋遢。不喜欢化妆，也似乎对自己的不修边幅毫不在意。她常常搞不懂为什么自己工作认真努力，升迁却总也轮不到她。

这位主管说："其实，旁观者都看得出来，这是因为她的外表实在是很吃亏，而不是工作能力的问题，可是谁又能开口告诉她呢？每每遇到重要的事情想让她接洽，却总会担心客户以貌取人，认为这是一家不注意形象、不专业、不敬业的公司，毕竟公司要注意自身的形象。"

像李兰一样，很多追求成功的员工只注重培养能力，而忽略了对自身形象的塑造，结果必定会影响自己成功的进程。如果她们能静下心来，认真地注重自己的外在形象，那就好比给自己的人生打造了一块金字招牌，能够让你在风高浪险的生命历程中从容地经营人生，从容地成就人生。

英国形象大师玛丽·斯皮莱恩说："如果你不在早上花点时间注意细节，其他人会为你遗憾一天。"细节的疏忽会为我们带来不可弥补的、不可言传的尊严的损害。我们精心地装扮自己，保持干净、整齐，不但是对自己的尊重，也是对别人的尊重。你不一定要穿着最昂贵的西服，但是请花一点时间整理这些不可言语的卫生小节吧！

所以，穿着是一门艺术，懂得这门艺术的人，会根据不同场合的要求，选择适时、合体的服装来展现自己，显示自己高雅的审美情趣。一般说来，着装时应遵循一个大家公认的"TOP原则"，它既是有关穿着、打扮的最重要原则，也是服饰礼仪的基本原则。要在生活中穿着得体大方，使自己的形象得到别人的认可，高档次的追求必须严格地遵守"TOP原则"。

T即是时间(Time)，O是场合(Occasion)，P是地点(Place)。其含义是要求人们在穿着打扮的时候，必须统筹兼顾，同时考虑到时间、地点、场

合这三大要素。

T原则即时间原则,是指在不同的时代、不同的季节、不同的时间应穿着不同的服装。服装的时代性体现在,在不同时代,流行的服装样式也各不相同,若不合时代地乱穿衣,便会闹出笑话来。穿衣也要考虑到季节的变换,若在深秋时节穿一件无袖轻薄的连衣裙,大概真是美丽"冻"人,但很难给人留下美感。同时,穿衣还要考虑到早晚时间的因素,一般有日装与晚装之分。日装要求轻便、舒适、便于活动,而晚装则要求艳丽、华贵、珠光宝气,晚礼服能起到烘托气氛、加强人际交往的效果。

O原则即场合原则,是指服装应与当时当地的气氛融洽、协调。上街不可穿居家服、睡衣睡裤;上班时不能穿得过于艳丽、裸露,探亲访友着装应沉稳;去医院看望病人,应随意大方。因而合适的场合,穿着合适的服装,才能得到大家的认可和欣赏。

P原则即地点原则,是指不同的工作环境、不同的社交场合,着装要有所不同。在商务场合的谈判桌上,必须穿着正式的职业套装,在工作以外的环境就可以换一套休闲装,让自己的身心得到彻底的放松。

在员工职业道德建设中,服饰TOP原则的三要素是相辅相成,互相贯通的。在社交活动中,总会处于一个特定的时间、场合、地点中。我们在出门前认真地考虑一下,怎样的装扮最合适才是社交成功的开端。

## 面带微笑，不要做职场"冷面人"

微笑是获取人心最有效的方式，它能消除人与人之间的界限。美学家认为在大千世界万事万物中人是最美的，在人千姿百态的言行举止中微笑则是最美的。人们把微笑称作"迷人的微笑""会心的微笑""真诚的微笑"。容易使人接近的人毫无例外都是经常面带微笑的人。卡耐基就曾经说过："只要你时时超越自我情绪的困惑，让面孔涌起微笑，就会感染他人，形成你与他人之间人际关系的良性循环。"而纽约一家大百货商店的人事部经理也曾直言不讳地说，他宁愿雇用一个小学未毕业的女职员——如果她有一个可爱的微笑，而不愿雇用一位面孔冷冰冰的哲学博士。

微笑不但能够保持你自己外在的良好形象，而且也影响着自己和别人的情绪。当你在微笑时，你的精神状态最为轻松。当你那充满笑意的目光与别人的目光相遇时，他会被你的快乐情绪所感染。自然而然地，你们之间的气氛就会变得和谐。反过来，我们也更愿意与微笑的人分享我们的自信、希望与金钱。调查研究也已经表明，随时能够笑的人在个人生活和事业上都更成功。

小雅毕业于名牌大学。投简历时，她看到一家大型公司在招聘"有经验设计师"，就抱着试试看的态度投了简历。

几天之后，她意外接到该广告设计公司人事部经理的电话，让她在第二天下午到广告公司参加集体面试。当人事部经理问她几点可以达到时，她想自己对用人单位所在的地址不是太熟悉，晚一点可能会更充裕一点，就回答下午三点。当天晚上，她

## 第三章
### 文明有礼：良好形象是员工道德修养的体现

不到十点就上床睡觉了，以便第二天能保持一种充沛的精神风貌。

第二天下午一点半午睡起床后，她把自己的求职简历和相关的各种资料整理好，按自己想象的需要次序放入到背包中，穿上整洁干净的衣服，提前一小时就出发了。

在用人单位所在的办公楼下，她很有礼貌地向保安打听清楚"人事部"所在的楼层后，又打开背包，检查了一下所带的求职资料，安定好自己的紧张心情，就面带微笑、自信十足地准时敲开用人单位的大门。

让小雅感到惊奇的是，在众多条件都比她好的应聘求职者中，她是唯一被公司直接留下来的。在成了这家广告公司的一名正式员工后，一次偶然机会，总经理无意中提起选择她的原因："是你的微笑感染了我，通过微笑，我能看到你有一种其他求职者不具有的自信。"

小雅这才明白自己被录取的原因，并不是因为幸运，而是她的微笑。在此之前，她一直以为名牌大学学历和不错的能力才是求职的绝对资本呢。

小雅工作后，她除了尽最大努力来保质保量地完成公司经理交给的各项任务外，平时总是一脸微笑，无论是上司，还是普通员工，她都会向他们投去善意的笑容，很快她就同其他同事打得"火热"了。于是在进入公司不到两个月时，就结束了试用期。半年后，她被总经理任命为创意主管。

从小雅的成功案例中，我们不难发现，不管是在面试时，还是在工作当中，要学会对人微笑。微笑不仅能够展示你的自信，也向用人单位传递了一个积极的态度，善于微笑的求职者获取职业的机会总是比较多的。微笑如春风，能带给人温暖；微笑如阳光，能给人以光明；微笑如细雨，能浸润人们的心田。微笑是如此迷人，微笑有种神奇的魅力。即使你自己觉得自己的笑容不够好看,也不要害怕别人嫌弃你的微笑。因为这是你美丽的心灵,能够被别人感受得到的,是你的乐观、积极和阳光。微笑的魔力如此之大,我们也应该好好学习哦。

喜来登酒店十分注重微笑服务。新员工进店后,听到的第一句忠告是:"不能对宾客微笑的人,不适合在喜来登工作。"得到的第一件礼物是:微笑练习镜。接受的第一节培训课是:怎样练习微笑。

世界顶级的推销大师,美国的乔·吉拉德、日本的原一平都曾在这方面下过许多功夫。乔·吉拉德曾买了一块与自身等高的镜子,每天对着镜练习,终于练就了一副微笑的本领。原一平曾在街上一面走,一面练习微笑,曾被人怀疑是精神失常。然而最终,神奇的微笑不仅给他们带来了巨大的财富,还使他们蜚声世界。

微笑是人类最具魅力的言语,是维系人际关系的纽带,是全世界最佳的沟通手段。它鼓励他人与你交流,也让他人感觉到你的善意和热情,同时,它还让员工的声音充满活力,也让你自己感觉良好。微笑实在是人类最美好的形象。人与人之间和谐关系的建立,有时需要的仅仅只是一个微笑。微笑能让你的整体印象加分,充满亲切感。

某饭店于五月份开展"微笑大使"评选活动,倡导每位员工都提供微笑服务。为使微笑服务能真正令客人满意,饭店管理人员通过日常检查和征求客人的意见等方式来考核微笑服务的效果。

当管理人员进行日常检查时发现员工的微笑服务非常到位,但征求客人的意见时,客人对饭店员工的评价却是:"你们这

儿的服务员都是冷美人,没有几个会笑。"

管理者经过深入的调查和分析后发现,由于管理者在检查中以一种严厉的态度对待员工,一旦发现员工没有微笑就当场开违纪单,员工便只得对管理者微笑,因此感到非常压抑,为了缓解压力和不舒服的感觉,就将管理者对待他们的这种态度转嫁到了客人身上。

为此,饭店专门召开微笑服务研讨会,请相关的管理者和员工代表参加,最后与会者一致认为饭店要求员工做到的,管理者应该带头做到,员工要对客人微笑,而管理者除了对客人微笑之外,还需向员工微笑。

一个月之后,饭店再次征询客人意见。客人们一致反映,饭店的服务员变得漂亮起来了,因为他们不再是冷美人,而是会笑的"解语花"。

笑容是世界上最美的语言,微笑地面对他人,自己的心里也会充满阳光。一位哲人曾说过:"当生活像一首歌那样轻快、流畅时,笑颜常开乃是易事;然而当一切事情都非常糟糕的时候仍能保持微笑的人,才是活得最优雅、最有价值的人。"不过,微笑看似简单,但也需要讲究一定的技巧,比如在人际交往与沟通中,要笑得自然。微笑是美好心灵的外观,发自内心的微笑才是自然的。要笑得亲切、得体。切记不能为笑而笑,没笑装笑。与人交往沟通时要笑得真诚。人对笑容的辨别力非常强,一个笑容代表什么意思,是否真诚,人的直觉都能敏锐判断出来。所以,当你微笑时,一定要真诚。真诚的微笑让对方内心产生温暖,加深双方的友情。演员与空姐通过微笑练习,能练出迷人的微笑。那么,聪明的你该怎么去做呢,下面通过六步帮你打造迷人微笑:

(1)放松嘴唇肌肉。

练习放松嘴唇周围肌肉。又名"哆来咪练习"。嘴唇肌肉放松,从低音到高音,大声地清楚地说三次"哆来咪"。不是连着练,而是一个音节一个音节地发音。你可以将音节稍稍拖长。

(2)锻炼嘴唇肌肉弹性。

微笑形成于嘴角部位,锻炼嘴唇周围的肌肉,能使嘴角的移动变得更干练好看,也可以有效地预防皱纹。一举多用,不得不试。伸直背部,坐在镜子前面,反复练习最大地收缩或伸张。保持微笑30秒,反复进行这一动作3次左右。用门牙轻轻地咬住木筷子。把嘴角对准木筷子,两边都要翘起,并观察连接嘴唇两端的线是否与木筷子在同一水平线上。保持这个状态10秒。在第一状态下,轻轻地拔出木筷子之后,练习维持那种状态。

(3)形成微笑。

保持在放松状态下,这一步的关键在于使嘴角上升的程度一致。如果嘴角歪斜,表情就不会太好看。练习各种笑容的过程中,就会发现最适合自己的微笑。好好捕捉,一定可以发现你满意的微笑的。

(4)保持微笑。

一旦寻找到满意的微笑,就要进行至少维持那个表情30秒的训练。尤其是照相时因不能敞开笑而伤心的人,如果重点进行这一阶段的练习,就可以获得很大的效果。

(5)修正微笑。

如果你确实认真地进行了训练,笑容还是不那么完美,那就要寻找是哪里出现了问题?女性朋友们,请放心,你能自信地展露微笑,就可以把缺点转化为优点,不会成为大问题。

(6)打造魅力微笑。

通过练习都能拥有魅力的微笑,并能展现那微笑。微笑练到"高级",就应该是发自内心的。而不只是嘴咧开,而是用纸挡住鼻子以下的面部时,还可以看到眼睛中含着笑。最真诚的微笑也是最容易打动人的。

## 讲究礼仪规则,给对方留个好印象

在员工职业道德建设中,礼仪是员工职业素养的外在表现,是现代人立身处世的基本要求,也是畅行社会的基本能力。人们在与一家单位进行接触,尤其是初次与之打交道时,通常都会对其职员的礼仪是否规范给予高度关注。学习礼仪,并不是学习礼仪规范,更重要的是学会树立良好的形象。在工作中,很多时候礼仪比学问、能力更重要。一个人若不懂得礼仪,处处失礼,不仅遭人耻笑,还会四处树敌,招致各种危机和损失。只有知礼守礼,才会受人尊重,赢得他人欣赏和信任,获取机遇,成就事业。

有一位先生要雇一名女秘书到他的办公室做事,为此,他在报纸上登了一则广告。广告登出之后,有50多人前来应聘,但这位先生只挑中了一个小姑娘。

这个结果被这位先生的一位朋友知道了,他问这位先生:"我想知道,你为何喜欢那个姑娘,她既没带一封介绍信,也没受任何人的推荐。"显然,他觉得结果不可思议。

"你错了。"这位先生说,"她带来许多介绍信。她在门口蹭掉脚下带的土,进门后随手关上了门,说明她做事小心仔细;当看到那位残疾老人时,她立即起身让座,表明心地善良、体贴别人;进了办公室先脱去围巾,回答问题干脆果断,证明既懂礼貌又有教养。"

这位先生接着说:"其他人都从我故意放在地板上的那本书上迈过去,而这个姑娘俯身拣起那本书,并放回桌子上。当我和她交谈时,我发现她衣着整洁,头发梳得整整齐齐,指甲修得干干净净。难道你不认为这些细节是极好的介绍信吗？我认为这比介绍信更为重要。"

礼仪一旦融入员工血脉中，会让员工在不着痕迹之处展现自己的良好素质，流露出内在的修养，显示出优雅的气质。现代社会，一个人的魅力，包括了她日常生活的全部，一举手、一投足、一颦一笑都以仪表和仪态的形式表现着。一个行为有度的人，会让别人觉得舒服；而一个谈吐不俗的人，更会让他人如沐春风。这些良好的感觉不是建立在一个人的着装如何名贵华丽上，它完全源自于你对待他人、他物的态度。如果一个人只能做到金玉其外却胸无点墨又举止粗鲁，那就只是个绣花枕头。这样的人也许可以给人留下一个美好的第一印象，但却无法将这种好印象持续下去，甚至可能在开口的一瞬间就将它破坏殆尽。一个人如果有很好的外在形象，又举止文雅、言行得体，这样才能赢得每个人的赞许。

在中国这个以"礼仪之邦"著称的国家里，礼仪已经如血液一般渗透在人们生活的方方面面，以至于人们往往凭礼仪上的短暂印象来判断一个人是否值得交往。懂礼，知礼，行礼，不仅不会被别人厌烦，相反还会使别人尊敬你，认同你，亲近你，无形之中拉近同他人的心理距离，也为日后合作共事创造宽松的环境，反之，若不注重这些细节问题，坏了"规矩"就可能使人反感，甚至会使关系恶化，合作的机会相反就会更少。因此，在工作中不是只具备能力和勇气就行，懂得礼仪规则才能做好工作。讲礼仪是每个人做人、做事的基础，也是现代社会发展对企业提出的要求。得体的礼仪是塑造个人魅力不可或缺的因素。下面是上班一族必须遵守的礼仪规则，作为初涉职场的员工有必要了解一下：

(1)上岗礼仪。

通过面试，能被录用并开始上岗，应是一个胜利者，而第一次上岗是十分重要的，因为上岗就是展示你能力的开始，为树立好的"第一印象"，在上岗时，专家认为应注意：

了解公司的规章制度。了解管理各项业务的负责人姓名。有困难时

要求助他人,因为人们不肯原谅错误。被介绍时要听清并记住同事的姓氏。介绍时应注意礼节。

(2)保持办公室整洁。

一般女性都爱整洁,会有这种想法:"自己的房间乱点没关系,办公室一定要干净。"看看你的办公环境是这样吗?看看自己的桌子上是否材料堆积如山,自己的私人物品是不是放得满满的?办公室环境应当始终是干干净净的,这是办公室起码的要求。

专家的调查显示,办公桌是自己在公司办公的地方,也是最容易弄乱的地方。放得乱七八糟的书籍或会议文件,要根据内容或日期装订起来放到抽屉内或书架上。桌上只放文具及记事本等,摆在桌上的东西要少。

要使桌上的空间尽量大一些。参加工作之后,就不要使用小学生才使用的那种文具了,要尽量使用能提高工作效率的文具。抽屉里不要摆得乱七八糟。要动脑筋,分类整理好,使自己取放都方便。雨伞、大衣、鞋刷子等物品作为备用品放在更衣柜里是为紧急需要时使用的,不要把自己的私人用品放得满满的,以免打开门时很难看,给人一种杂乱的感觉。更衣柜内的物品一定要码放整齐,不需要的东西拿回家去。为了避免丢失,不要把贵重物品放在里面。

将公司的圆珠笔拿回家去,用公司信封装自己的私人物品,随便使用传真机等,这些都是不对的。自己拿走用了,还装作不知道的样子,但是周围的人是非常清楚的。公司的备用品是为工作准备的,随便借用会被认为是公私不分,其结果会招致大家的反感,所以要注意。

必要时把备用品放在方便的地方,但不要浪费。自己办公区的周围要打扫得干干净净,但是掉在走廊的东西装着看不见、与自己没有直接关系的事漫不经心,也是不好的。不能把自己的私人用品堆放在化妆室里,这些地方一定要保持干净。

(3)道早安。

早上一到公司要精神抖擞地向他人有礼貌地道早安。作为女性你不妨实际地观察周围每一个人道早安的方式,有些人声音小得连旁边的人都听不到,或是像有满肚子闷气似的大声吆喝,甚至闷着头一声不响地径自坐下等等。

并不是每一个人早上进入办公室,都会快活地向人道早安。如果你坚持这样做了,这就是你的一个优势了。如果你问那些态度不好的人:"为什么不好好地打个招呼呢?"对方可能会这样回答:"没有这个必要嘛!""大家都忙嘛!"其实完全不是这么一回事。

专家认为,"道早安"是社会行动的第一步,是确定自己存在的积极行动。如果自己所发出的声音能够引起对方的反应,这不仅达到了"自我确认"的目的,也是人与人接触的基本礼貌,社会关系也因此而产生。你与周围人互道早安,就等于是工作场所中的上班铃声一般。从这一句"早安"开始,表示今天又是新的一天。你如果希望在这新的一天当中,自己的人际关系更加圆满,无论如何都要清晰、明朗地和他人道早安。你必须要明了自己对道早安的价值观。道早安,不只是告诉大家一些礼仪以及有关的经验教训或利弊得失,还要大家知道这些日常生活中不可或缺的礼仪,其实对于我们自我存在的确认及人际关系,有着极重要的影响。从实际生活来看,早上打招呼的对象应包含与自己一向不睦的人,以及昨天曾经为了工作而起冲突的人。这一句轻松愉快的"早安"等于是向对方宣布"昨天是昨天,今天是今天。昨天的不愉快已经过去了,今天又是愉快的一天"。尤其是对上司精神饱满地打招呼,可以让上司对你保持着"这是一位干劲十足的员工"的好印象。早上的印象会影响全天的印象,这可马虎不得。

(4)休息时间。

到公司上班的时间一般是早9点,如果认为正好9点到达公司就可以了,实际上这是不妥的。在专家的教学课程里,所谓上班时间,并不是来公司的时间,而是开始工作的时间。从进门到坐在自己的座位上,至少需要几分钟时间,所以,应在开始工作前10分钟到达公司。如果是新来的公司职员,还要再提前一些,做好工作前的准备。早晨往往还要有早会等活动,这些都不能迟到。到了下班的时间,如果已经做完了工作,有礼

貌的员工不忘向周围的同事打声招呼:"我先走了!"再离去。做完工作后总是和别人说话,既影响别人工作,同事白天没干完的事,还要加班干。不仅使同事工作效率不高,还会被人误解为工作能力不强,造成无谓的损失。彻底干完工作要进行收拾、整理,然后再下班。

看到前辈或上级正在忙工作时,最好问一声:"需要帮忙吗?"如果自己有急事,别人又不需要帮忙时,最后说一声:"今天有点事要去办,我先走了。"这样就会留下好印象。人具备对工作产生直接影响作用的品质,言行举止礼貌优雅就是这种品质之一。而人的品质都是由培养而成,这些品质从求职、就职中展现并发展。作为员工,你要了解这些,从而培养自己优良的品质,提高自己的修养。

## 谈吐优雅,做一个"口才达人"

在职场上,语言是传达感情的工具,也是沟通思想的桥梁。大多数成功的人都能听会说,而不成功的人大多不擅长语言艺术。要想在人际交往中应对自如,我们必须努力提高说话的水平,掌握高水准的听话技能。说话,对于现代人而言是至关重要的一件事。说话与我们的生活密切相关。我们天天在说话,并不意味着人人都会说话。有一位国外名人曾说:"眼睛可以容纳一个美丽的世界,而嘴巴则能描绘一个精彩的世界。"法国大作家雨果也认为:"语言就是力量。"的确,精妙、高超的语言艺术魅力非凡。语言是思想的外化,是必不可少的交际工具。我们要在这个世界上生活、建设和发展,就没有一天能离得开语言。曾有学者估计,一个人平均每天要说18000个词语。人每天总要说很多话,而且越是能办事、办事多的人,说话肯定越多。因此,一味奉行"沉默是金",乃是一种消极的人生状态,善于说话才是一种积极的人生态度。

古代有一位国王,一天晚上做了一个梦,梦见自己满嘴的牙都掉了。于是,他就找了两位解梦的人。国王问他们:"为什么我会梦见自己满口的牙全掉了呢?"第一个解梦的人就说:"皇上,梦的意思是,在你所有的亲属都死去以后,你才能死,一个都不剩。"皇上一听,龙颜大怒,杖打了他一百大棍。第二个解梦人说:"至高无上的皇上,梦的意思是,您将是您所有亲属当中最长寿的一位呀!"皇上听了很高兴,便拿出了一百枚金币,赏给了第二位解梦的人。

中国有句老话"好马出在腿上,好人出在嘴上"。这里的"嘴"指的不是吃饭的"嘴",而是说话的"嘴"。即要想成为一个受欢迎的人得会说话。什么叫做会说话呢?说起来很简单,就是在恰当的时机,对恰当的人,说出恰当的话。但是,要真正达到这一效果和境界,其实很不简单。说话是否有技巧,有时会决定一个人做事是成功还是失败,这是一件不可否认的事实。同样的事情、同样的内容,为什么一个会挨打,另一个却受到嘉奖呢?因为挨打的人不会说话,受嘉奖的人会说话而已。一个会说话的人,总可以流利地表达出自己的意图,也能够把道理说得很清楚、动听,使别人很乐意地接受。会说话的人能适时送出赞美,让人听了如沐春风;会说话的人,能让批评也变得悦耳;会说话的人懂得什么时候该温柔婉转,什么时候该仗义执言;会说话的人面对不同的人,会采取不同的语言策略。不管在什么场合,只要他开口说话,总是让人感到舒坦,无论男女,都不由自主地想靠近他。这种人之所以这么受人欢迎,并不是他长得有多么美丽或多么英俊,而是因为他们在人前能口吐莲花、妙语连珠,博得满堂彩。在这方面,《红楼梦》中的王熙凤可称典范。

## 第三章
### 文明有礼：良好形象是员工道德修养的体现

王熙凤初见黛玉，笑道："天下真有这样标致的人物，我今儿才算见了！况且这通身的气派，竟不像老祖宗的外孙女儿，竟是个嫡亲的孙女，怨不得老祖宗天天口头心头一时不忘。只可怜我这妹妹这样命苦，怎么姑妈偏就去世了！"

王熙凤是贾府中炙手可热的人物，她的权势多半是来源于贾母的宠信，所以熙凤行事说话时时刻刻都依据贾母的爱憎好恶，揣测其心理。初见贾母的外孙女黛玉，便恭维她是天下最标致的人物，"我今儿才算见了"，似乎是在说她从未见识过，而周旋于贾府上下人中，又是名门之女的王熙凤不是没有见过世面，为什么对黛玉如此夸奖呢？我们知道：是贾母执意要把自己唯一的女儿的孩子黛玉接进贾府的，承受失女之痛的贾母自然会把对女儿的感情转移到外孙女的身上，心肝儿似的疼爱。听到有人这么夸奖外孙女，贾母定是欢喜，尽管这话已恭维到令人肉麻的地步，但又有谁能拒绝呢！

但有时候，假话比真话更让人爱听。由外孙女到孙女，其潜台词是想告诉贾母：黛玉就像是她自己调教出来的孙女一样。此话如扑面之清风，贾母怎不受用？对于寄人篱下的黛玉来说，置身于人地两疏的贾府听到别人的夸奖，并且说自己是贾府的最高统治者贾母的嫡亲孙女，除了高兴之外，说不定还有感激呢！不仅如此，王熙凤始终没有忘记，或者说更清楚黛玉进贾府的原因：姑妈去世。女儿的去世会给贾母以精神上的打击，而失去母亲的黛玉感情上更是不必说。所以熙凤又向二人表达自己的悲伤与哀痛——"怎么姑妈偏就去世了"。真是做尽了人情，好一个八面玲珑的人物！

语言是连接人与人之间的纽带，纽带质量的好坏，直接决定了人际关系的和谐与否，进而会影响事业的发展以及人生的幸福。尤其对于女人，倘若能巧言如花,不仅让你深得人心,也是你家庭幸福的法宝,更是事业披荆斩棘的利剑,增加自身个性魅力的砝码。

在人际交往中,语言是十分关键的沟通技巧。假如你言语得体,你会获得他人的好感,赢得大多数人对你的喜爱。那么,为什么要让自己的说话保持言之有礼,谈吐文雅呢?

第一,态度诚恳、亲切。人们通过说话来传递思想感情,神态、表情显得尤为重要。当你向别人表示祝贺时,嘴上说得十分动听,而面部却毫无表情,其实明眼人一看就能知道你只是在敷衍而已。言为心生,说话必须做到态度诚恳和亲切,才能使对方对你的说话产生表里一致的印象。

第二,注意说话的语言,用语要保持谦逊、文雅。根据年龄、辈分、地位的不同选择不同的称呼,例如,"您""先生""太太"等;另外,对于用语也要注意三分,如用"贵姓"代替"你姓什么",用"不新鲜""有异味"代替"发霉""发臭"等。生活中,多用敬语、谦语和雅语,才能从细微之处真正地体现出一个人乃至一个团体的修养和品德。

第三,控制好声音的大小,说话最忌讳口里像含着东西,含糊不清。与人交谈时,语速不要太快,咬字一定要清晰,音量要适度,只要能达到让对方听清、听准就好,不要以"吵架"的音调来谈话,这样会让听者觉得不自在,缺少亲切自然之感。

总之,语言是连接人与人之间的纽带,纽带质量的好坏,直接决定了人际关系的和谐与否,进而会影响事业的发展以及人生的幸福。一个人的沟通能力往往决定着这个人的办事能力!也许一件很普通的小事,由于说话的方式不同,所获得的效果和回报也大不相同。有时候一句话可以化干戈为玉帛,一句话也可以让朋友变成仇人;一句话可以功败垂成,一句话更可以改变人生。因此,怎样把话说到位,选择什么样的时机说话等等,都要讲究说话的技巧。懂得说话技巧的人,才是受人欢迎的口才达人。

## 第三章
### 文明有礼：良好形象是员工道德修养的体现

## 5

# 保持整洁，养成良好的卫生习惯

习惯，就是在某个时间、某个地方、某种条件下自然而然地表现出来的一种比较定型的动作和行为。每个人都有多方面的习惯，如生活习惯、学习习惯、文明习惯、工作习惯、交往习惯等等。习惯有良好习惯与不良习惯之分，良好的习惯是一个人心理素质良好的重要表现，是形成良好个性品质的重要基础。

在员工职业道德建设中，良好的行为习惯会对人的一生产生很深远的影响，会让一个人终身受益。19世纪著名心理学家说过："播下你的良好行为，你就能拥有良好的习惯；播下你的良好习惯，你就能拥有良好的性格；播下你的良好性格，你就能拥有良好的命运。"

美国一家保险公司的高级精算师比尔，受中国某保险公司之邀，前来中国商谈一些可能合作的培训项目。比尔提出与地方上的保险经理们见个面，以便更好地了解中国的市场。在某保险经理人的会客室里，比尔见到了几个重要的负责人。比尔是个非常注重细节和卫生的人，而那天会见的人中，有一位负责人李经理给比尔留下了深刻的印象。李经理是一个比较懒散的人，头发又乱又长还有大量的头皮屑，且鼻毛特长。那亚热带丛林般的黑色鼻毛不可阻挡地从鼻孔中伸出，在心理上折磨着比尔的神经；那让人作呕的头皮屑扰乱着比尔平和的心绪。使得比尔对其的印象糟透了。

在日常生活中，保持仪容的干净整洁是最基本的，因而清洁卫生是仪容的关键,是礼仪的基本要求。不管长相多好,服饰多华贵,若满脸污垢,浑身异味,那必然破坏一个人的美感。因此,要保持仪容干净整洁首先必须坚持洗澡、勤洗头、洗脸。我们精心地装饰自己,保持干净、整齐,不但是对自己的尊重,也是对别人的尊重。你不一定要穿着最昂贵的西服,但是请花一点时间整理这些不可言语的卫生小节吧!这也是对自己形象应该承担的基本责任,是至关重要的。

在员工职业道德建设中,个人良好的仪容卫生,给人以端庄、稳重、大方的印象。既能体现自尊自爱,又能表示对他人的尊重与礼貌。通常所说的个人卫生包括以下几个方面:①勤洗手、勤剪指甲。手很容易被污染,特别是指甲缝里容易藏脏东西。为防止手脏引起疾病应做到勤剪指甲,饭前便后洗手。洗手时要用肥皂和流动水。②勤洗头、勤洗澡、勤换衣。人的皮肤会排出汗液,也会积聚其他一些脏东西,不及时洗掉就会和空气中的灰尘混合损害皮肤,危害健康。勤洗头勤洗澡不仅能清除皮肤上的脏东西,还能促进皮肤血液循环,保护健康。勤换衣服不仅能避免把皮肤弄脏,还使人感到舒适。③勤漱口刷牙。漱口、刷牙不仅能保护牙齿,还有利于预防疾病。应做到早、晚刷牙,吃东西后 3 分钟内刷牙。④不喝生水,喝开水。生水里面的病菌、病毒很多,煮开了再喝可以预防肠道传染病。⑤不吸烟、不酗酒。吸烟不仅会成瘾花费钱财,还会引起癌症、心血管等多种疾病。酗酒会引起酒精中毒,严重时会引起胃溃疡、肝硬化等多种疾病,甚至死亡。

总之,员工在日常生活中的衣、食、住、行和劳动、休息等都涉及一系列的卫生内容。如果缺乏卫生知识没有良好的卫生习惯就很难有一个健康的身体,也就谈不上适应现代化快节奏的生活和劳动。

对于员工来说,做好个人的仪容卫生,还要注意以下几点:

(1)头发要勤于梳洗,发型要朴素大方。男士可选择中分式、侧分式、短平式、后背式;女士可选择齐耳的直发式或留稍长微曲的长发。男士头发不应盖过耳部,不触及后衣领,也不要烫发。女士头发不应遮住面部,前面刘海不要过长,在正式社交场合无论男士还是女士不可将头发染成

黑色以外的颜色。

（2）面部要注意清洁与进行适当的修饰。男士要剃净胡须、刮齐鬓角、剪短鼻毛，不留小胡子和大鬓角。女士可适当化妆，但以浅妆、淡妆为宜，不可浓妆艳抹，并避免使用气味浓烈的化妆品。

（3）勤漱口，上班前忌吃大葱、大蒜、韭菜之类有异味的食物，必要时可含一点茶叶或嚼口香糖，以去除异味。

员工在职业道德建设中养成良好的卫生习惯十分重要，不仅自己要讲究卫生，还要人人争当卫生监督员，共同把工作卫生抓上去，人人养成良好的卫生习惯。不以恶小而为之，不以善小而不为，文明的一切是由一个个细节构成的。唯有从小事做起，才能养成良好的习惯。而良好的习惯会让我们受益一生。

## 6

## 别让粗俗的小动作给你的形象减分

所谓小动作，就是说这些失礼的行为诸如抖个腿、啃个指甲、说话大声了点儿、拽拽衣裳、理理头发这样看起来再平常不过的事情，但出现在社交场合，就会变成不尊重人、不雅观、令对方不快的不文明行为。在社会交往中，你的这些小动作就会成为"大缺陷"，乃至直接影响别人对你的判断，妨碍你的魅力。

美国乔治·麦森大学的安妮塔·泰勒等人在《交际》一书中，根据交际过程中信息传播的不同途径，将身体语言分为三大类。

一类是通过听觉接受信息的身体语言。这类身体语言又分为三种，第一种是音色；第二种是类语言，如哭、叫喊、呻吟等；第三种是环境响声。第二类是通过视觉接受信息的身体语言。该类体语又可以分为四种，第一种是动作，包括手势和运动，肌肉的力度，面部表情，眼睛的运用；第二种是外貌，包括静止的姿态和运动的姿态；第三种是物体的运用，即物体语言；第四种是距离，包括人际距离和领域行为。视觉接受信息的身体语言最为重要，因为靠视觉输入的信息占外部世界输入大脑信息总量的80％以上。第三类是通过其他途径接受信息的身体语言。包括通过时间、气味、环境接受信息的身体语言。

　　马林是一个善解人意的、体察入微的上司，在一次会议中，大家正在热烈地讨论一个问题，这时秘书林雅的电话突然响起，林雅悄声接了电话，低语几句之后就挂断了。但是细心的马林却发现林雅在接电话之后一系列的举动，她先是左顾右盼、神色慌张，然后不停地看着门口，接着林雅的脚渐渐朝向了门口，最后她整个人几乎是朝向门口方向坐着了。马林看到后打断了会议，问道："林雅，你是不是有什么事？"林雅焦急地回道："经理，我可不可以请半天假，我妈妈突然晕倒被送进了医院。""好。你快去吧。"得到经理允许的林雅立刻飞奔了出去，同时心里对经理无限的感激。

　　身由心生，我们的每一个动作都是受到意识的支配。有些是有意识的，有些是无意识的。但不管是多么微小的动作，都不会无缘无故产生，其中必然暗含着一定的心理活动。对于一个身体语言解读的高手来讲，我们没有任何秘密可言。因此，懂得观察和思考的人总是能在人际交往中占据更多的主动和优势。

## 第三章
### 文明有礼：良好形象是员工道德修养的体现

王静长得非常漂亮，又是毕业于名牌大学的高材生。大学毕业后，她和一位叫苏华的女孩，被一家跨国公司聘用。

苏华学历不高，人长得也很一般，王静一直不明白，在这个讲究形象的大公司，像苏华这样不起眼的女孩，怎么也能进来。因此，在工作当中，王静很看不起其貌不扬的苏华。

让王静想不到的是，试用期还没有过完，她就被辞掉了，留下的人竟然是苏华。更让她感到吃惊的是，公司辞退她的理由，居然是嫌她不懂得女性起码的社交礼仪。

原来，在公司开的一次会议上，王静在大庭广众之下抓耳挠腮，将手插在裤袋里或交叉在胸前，或者站立时歪脖、斜腰、屈腿。就是这一细微的小动作，公司给她的评价是：不但显得拘谨，给人缺乏自信之感，而且也有失仪态的庄重。

对于同样参加此次会议的苏华，公司给了很高的分数，并一致认为苏华"很精神，很成熟，很完美"。

事后王静才明白，公司说苏华"精神、完美"，并不是夸她的长相，而是称赞她的仪态。平时工作中的苏华，无论是走路、站着或坐着，动作都非常优雅、自然。

每个人都希望自己在别人眼里是一个知书达理、谈吐优雅的人，也会有意识地在与他人的交流中控制自己的行为，尽量表现得大方一些、典雅一些。但不雅的举止行为，会影响到自己肢体语言的美感。比如，我们总会时不时地遇到一些细小的、令人心情烦躁的小动作。他们的破坏力是害人害己，令原本完美的形象打上尴尬的烙印。

朱莉今天要参加一个重要的商务洽谈,这个项目是她考察了很久,并且很看好的一个项目。她一早起来就做好各种准备工作,包括很多细节处她都很仔细地检查了一遍。9点洽谈开始不久,朱莉的情绪却突然变得有些焦躁,因为对方一个主谈人员不时在抖动他的双腿,这让朱莉感觉非常不愉快,只想快快结束这次洽谈。本来可以顺利促成的合作,却让朱莉在艰难的心理斗争中持续了很长时间,最后还没有结果,这让朱莉很恼火。而对方估计到最后也不知道原本可以成功的合作最后却失败在抖腿的小动作上。

抖动双腿是一种很失礼也很不雅观的行为,是不尊重对方的表现。同样,让跷起的腿像钟摆似的打秋千也是相当难看的姿态。正式场合,我们应该尽量调整自己不去抖腿,比如身体挺直、保持坐姿端正,如果在下意识中已经发生了上述动作又让对方产生不快时,那就应该迅速调整坐姿,并用眼神向对方表示歉意或直接说声对不起。抖腿大多是因为平时没有养成良好的坐姿习惯,所以要彻底避免这种情况的发生,还是应该平时多加练习,养成好习惯。

优雅的仪态是有教养、充满自信的完美表达。因而,优雅的言行举止更能给人留下深刻印象。在办公室里举止要庄重、文明。大声嚷嚷、指手画脚会显得你没修养、粗俗。心理学家认为,人的小动作经常受到潜意识的支配。小动作会隐晦地表达一些人们对于自己的期望,对于未来的期盼。我们的小动作往往在日常生活中养成,也会在不经意间出现,而我们自己却往往意识不到。因此,在人前,要注意下面这几点。

(1)在众人之中,应力求避免从身体内发出各种异常的声音。咳嗽、打喷嚏、打哈欠应侧身掩面后再为之。

(2)公共场合不可用手抓挠身体任何部位,如:抓耳挠腮、挖耳鼻、揉眼搓泥垢、随意剔牙、修剪指甲、梳理头发等。需要时可上洗手间。

(3)应尽量避免蹲姿或倚墙靠墙而立。

(4)公开露面前,须把衣裤整理好,特别是出洗手间时要和进去时保持一致。

(5)参加正式活动前,不宜吃有刺激性气味的食物,如葱、蒜、韭菜、洋葱等。

(6)公共场合,不要高声谈笑、大呼小叫。人多时要更加低声细语,以免引起他人注意。

# 第四章　忠于职守：忠诚负责是员工最基本的职业操守

　　忠诚是一种操守，是一种职业良心。忠诚是人类最宝贵的品质，是无价之宝。自古至今，人们都视忠诚为最高尚的美德。一个职场人如果没有忠诚，背叛自己的企业，别说成就自己的事业，就连生存都可能出现问题。不忠带来的是一生都无法抹去的污点，这样的员工最终会被企业抛弃，从而断送自己的职业前程。

恪守职业道德　提升职业素养
Keshou zhiye daode  tisheng zhiye suyang

## 1

## 忠诚是一种珍贵的职业素养

忠诚是人类最宝贵的品质，是无价之宝。自古至今，人们都视忠诚为最高尚的美德。在对一些世界著名企业家的调查中，当问到"您认为员工应具备的品质是什么"时，他们无一例外地选择了忠诚。忠诚是员工职业道德建设中最值得重视的美德，是一个人的基本品格。本杰明·富兰克林说过："如果说，生命力使人们前途光明，团体使人们宽容，脚踏实地使人们现实，那么深厚的忠诚感就会使人生正直而富有意义。"

电视剧《潜伏》就是在讲述忠诚的故事。主人公余则成，一个一生为革命事业奋斗的地下工作者。他秘密工作在国民党机要部门，冒着生命危险，放弃个人感情，全身心地投入到地下工作，为党的事业立下了汗马功劳。他忠贞不渝、坚忍不拔、临危不惧、机智灵活、自我克制的英雄形象永远是后辈缅怀的传奇。余则成就是千千万万个"虎穴忠魂"的代表。他忠诚于自己的使命和责任，为了信仰甘于默默无闻地为之奋斗终生。"对党绝对忠诚，精明强干"，这是人们对主人公余则成的至高评语。

忠诚，是做间谍的第一条件。《潜伏》是一部优秀的谍战作品。剧中曲折动人的故事极大地吸引了观众的心，而主人公对自己所肩负使命的忠诚更是令人钦佩。《潜伏》的故事发生在特殊的环境、特殊的背景下，潜

## 第四章
### 忠于职守：忠诚负责是员工最基本的职业操守

伏是余则成的工作，他用忠诚证明了自己是值得信赖的，也是值得尊敬的。而处于和平年代的我们，要想得到领导的信任和同事的尊敬同样需要用忠诚去证明自己。

在员工职业道德建设中，员工的忠诚是指员工对于企业所表现出来的行为指向和心理归属，即员工对所服务的企业尽心竭力地奉献。企业需要忠诚的员工，它体现了最珍贵的情感和行为的付出。因为对企业的忠诚，员工才愿意尽心尽力、尽职尽责地为企业服务，并敢于承担一切。在任何时候，忠诚都是企业生存和发展的精神支柱，也是企业的生存之本。

匡明是一家合资企业的业务部副经理，刚刚上任不久。他的能力非常强，毕业短短两年能够坐到这样的位置也算是表现不俗了。但是匡明在担任业务部副经理时，有一次没有能抵制住自己心里的"恶魔"，在业务经理的牵线下，收了一笔款子，业务部经理说："没事儿，大家都这么干，你还年轻，以后多学着点儿。"

匡明虽然觉得这么做不太好，但是他也没拒绝，半推半就地他拿了5万元。当然，业务部经理拿到的更多。没多久，业务部经理辞职了。就在业务部经理辞职不久，匡明私自拿下5万元的事情被总经理发现了，虽然非常舍不得才干超群的匡明，但总经理还是决定辞退他，因为他对企业并不忠诚。

忠诚是一种美德，也是一种修养，更是一种风骨，一种成大事者的特质。哲学家说："如果说智慧像金子一样珍贵的话，那么还有一种东西更为珍贵，那就是忠诚。如果你是忠诚的，那你一定会成功。"因而，在很大程度上，忠诚其实是一种比能力还要重要的"道德能力"。忠诚比能力更重要。失却了忠诚，就算能力超群，也无人敢用。企业犹如一艘驶往成功码头的巨轮，老板就是船长，所有员工则充当助手。只有大家为着一个共同的奋斗目标，各自把

## 恪守职业道德　提升职业素养

分内的事做到最好，才能保证这艘船正常前进，平稳、安全地驶向目的地。但如果你朝秦暮楚，这山望着那山高，视忠诚为无物，那你就等于站在一块涂满了油脂的木板上，因为自己对别的船只或岸上的活动的兴趣大于自己所做事情的兴趣而致使木板倾斜，最终让自己落入海里。

忠诚不仅仅是品德范畴的东西，它更是一种生存的必备品质，可以说是生存的保证。如果一个人失去了对公司的忠诚，那他就失去了做人的原则，失去了发挥个人能力的平台，自然也就没有成功的机会。

两个大学计算机系的同学，在校时品学兼优，特别是在英文和电脑技术方面优势突出，毕业后一同应聘到北京一家著名的软件公司，令同学们羡慕不已。没想到，两个月后，同学甲就因为另外一家私企的高薪、股权引诱而跳过去。当时，他和同学乙商量一起走，但同学乙并不看好那家公司，他认为所在企业的企业文化非常有利于他们的发展，于是苦劝同学甲不要贸然跳槽。被冲昏了头脑的甲似乎去意已决，当月就走人了。

然而，他哪里想到，那家私企的资金链异常脆弱，还处于四处融资阶段，不久就出现了资金运转问题，连正常的薪水都无法发放。于是甲又跳槽了。在接下来的两年中，他就像一只无头苍蝇一样四处乱撞，一次比一次失望，短短几年时间里，同学甲已经相继尝试了软件、网络、销售、广告、媒体、汽车、保健品等多种行业。可谓是"万金油"，什么都会一点儿，但什么都不精通，只好一直做初级工作。这样时间长了，自己最初的知识也淡忘了，更不用说一些新兴的技术了。奋斗了好几年，却还是两手空空。

而同学乙所在的公司已经在纳斯达克上市，因为他充分认同企业文化，干工作兢兢业业，现在已经成长为一个重要部门的经理，手里拿着可观的原始股票，也买了车买了房。

同学甲这才发现还是原来那家公司最好，可是后悔晚矣！

## 第四章
### 忠于职守：忠诚负责是员工最基本的职业操守

虽说从职业规划的角度看,一个人难免要换几次工作,但必须依据自己的整体人生规划进行调整,而不是盲目跳槽。一个人跳槽如果只是为了金钱上的收入,或者感到自己怀才不遇等原因,想着下一份工作会更好,那可能就得不偿失了。一位在两年内换了四家公司的男士感慨地说："原本想通过跳槽得到更好的职位和待遇,结果发现处处碰壁,现实总是不如想象的好。"

你很可能过高地估计了自己的实力,对就业形势和就业环境现状也做了一个错误的分析,由此下一份工作很可能同样让你不满意,这样你就很容易走入频繁跳槽的惯性怪圈:工作遇到不顺时想跳槽,人际关系紧张时想跳槽,看见好工作(无非多挣几个钱)想跳槽,有时甚至没有任何理由也想跳槽,你所遇到的一切问题似乎都可以用跳槽来解决。这种感觉往往使人产生跳槽的冲动,甚至完全不负责任地一走了之,这时对他而言,忠诚敬业的精神往往已不复存在。甚至有一些人不想通过个人努力奋斗来达到职位的提升,却以出卖公司的利益为筹码,来达到得到薪酬高的工作的目的。殊不知,这样做无疑是自掘坟墓,自己把自己逼上绝路。

因此,在员工职业道德建设中,忠诚是每一个职场中人必须具备的品质,只有所有的员工对企业忠诚,才能发挥出团队的力量,推动企业走向成功。企业的生存离不开少数员工的能力和智慧,更需要绝大多数员工的忠诚和勤奋。一个忠诚的员工是不会被解雇的,因为忠诚不是纯粹的付出,忠诚也会有丰厚的回报。你忠诚地对待你的企业,企业也会真诚地对待你。即使你的能力一般,只要你真正表现出对企业的忠诚,你才能赢得企业的信赖。

恪守职业道德 提升职业素养
Keshou zhiye daode tisheng zhiye suyang

## 服从即是最大的忠诚

一个团结协作、富有战斗力和进取心的团队，必定是一个有纪律的团队。服从，是行动的第一步。一个团队如果下属无条件地服从上司的命令，就能够发挥出超强的执行能力，使团队胜人一筹。

孙子是春秋时期非常有名的军事指挥家，他来到吴国之后，吴王把他当作上宾款待。有一天，吴王对孙子说："孙子呀，都说你的军事理论很强，我想知道你能不能带兵打仗？"孙子回答道："你给我兵，我就能带。你给我一支军队，我一定能把它训练成非常优秀的军队。""无论什么人，你都能把他们训练成一支军队吗？"吴王又问，孙子说："没问题。"于是，吴王指着自己的宫女说："你能把我这群宫女训练成军队吗？"孙子说："你只要给我权力，我就能把这些宫女全部训练成军人。""好，我给你权力，限时三个时辰。"吴王说。

于是，孙子和吴王的宫女们都站在了训练场上。这些宫女从来没受过军事训练，只是觉得这件事很有趣，大家你推我搡闹作一团。吴王看着这情景，也觉得新鲜好玩，就把他最宠爱的两个妃子也叫了过来，并让她们担任两队宫女的队长。

孙子开始练兵，他大声说道："大家停止喧哗，马上列队站好，左边一队右边一队。"但是没人听他的话，宫女和妃子还是在原地嬉笑打闹。孙子也不着急，他大声说："这是我第一次说，大家没听明白，这是我的问题。现在我第二次要求你们列队。"这些"女兵"依然没什么反应，玩笑依旧。这时孙子又说话了："我

第一次讲话大家没听明白,那是我的错;第二次没听明白,可能还是我的错。下面我开始说第三遍——大家列队,左队站左边,右队站右边。"

第三次说话结束了,还是没人按照口令行事。孙子沉下脸来严肃地说:"第一次大家没听明白,是我的错误;第二次大家也没听明白,还是我的错;但是,第三次没听明白就是你们的问题。来人,把那两个队长带到一边去,立刻斩首。"马上有士兵上来把那两个妃子抓了起来。这时,吴王赶紧对孙子说:"不能这样!我只是说着玩的,千万别动真的。"孙子说:"你是不是给我权力了?现在军权在我手中,立刻斩首。"士兵咔咔两刀把两个妃子砍了。见到这种阵势,众宫女马上肃然而立,所以,没用三个时辰,两个队列就成形了。于是,孙子对吴王说:"大王你看,你现在可以让她们做任何事情。"

军人以服从命令为天职,对于公司员工来说,尽管所担负的责任不同、工作岗位各异,但服从的意识是一样的。在企业中,纪律就是各种各样的规章制度的统称,它赋予了员工的权利和义务,规范了企业对员工的要求。在企业中,一个积极主动、忠诚敬业的员工,也必定是一个具有强烈纪律观念的员工。可以说,纪律,永远是忠诚、敬业、创造力和团队精神的基础。对企业而言,没有纪律,便没有了一切。没有铁的纪律约束,企业员工就失去了责任和目标,就会导致不敬业、没责任、不诚实、不执行等不良现象。

在员工职业道德建设中,没有规矩,不成方圆。纪律作为一种约束的手段是必需的。任何地方都没有绝对的自由。在一个企业中,规章制度作为约束和评判标准也是必需的。而作为一名员工,也有义务遵守企业的纪律,并且把它潜移默化为自身的自觉行为。"服从是军人的天职",在军队,服从永远是第一位的。企业虽不是军队,但同样需要服从。

在不少企业里,有些员工没有完成任务,不但不从自己身上寻找原因,反而会寻找各种各样的借口。这些借口不仅使他们所犯的错误听起来情有可原,甚至还有些理所当然;有些员工迟到了,不仅不认为工作散漫,而会寻找诸如交通状况不好或者其他各种理由做借口,证明自己迟到是客观原因造成的,自己却没有任何责任;有些员工犯错误给公司造成了损失,也千方百计地找借口推脱,尽可能推得一点责任也没有。这样的员工总有理由证明自己是无辜的。然而,在市场上,谁也不会认为你们的公司是无辜的。其结果自然是害了企业也害了自己。因此,每一位员工都必须服从上级的安排,就如同每一个军人都必须服从上司的指挥一样。这就是员工的责任和使命。员工不遵守纪律或不服从领导的管理,这个企业就如同一盘散沙没有任何战斗力,就会有倒闭的危险,更谈不上生存和发展。

有一个实习生,老板向他交代了一件事:去邮局寄一封信。这是很简单的一件事,只要去做,就一定能执行好,除非他忘掉了这件事情,没想到,他果真忘了这件事。

当天是星期五,堆积了一周的工作都要在这天完成,所以他很忙,基本上是从早忙到晚,还加班到晚上,才疲惫地回到家里。所以,他把老板交代的事情忘得一干二净。

等回到家里,他才想起老板要他寄信的事情。然而,信放在了公司里,接下来的两天是星期六和星期天,是双休日,全体员工都不上班,包括管大门钥匙的人,所以要寄信只能等到三天后。

三天后,他刚到公司,就被老板叫到办公室,大声斥责了一番,原来,由于他的遗忘,耽误了老板的大事情!

服从是一种美德,是执行的前提,也是行动的第一步,有服从才有执行力。工作一忙就容易忘事,而事情一忘,就很可能会耽误执行。因此,在员工职业道德建设中比较有成就的人一般都有极为精确的工作计划和

执行备忘。所有做事有条理的人都会有一个记事本,上面记录着自己当天要做的事情和随时想到的一些想法。每一个老板都会有一个专门的秘书,负责记录重要的事情和想法,并安排自己的日程。

要想在职场中获得发展,首先就要得到领导的重视,那么怎样才能成为领导格外重视的员工呢？非常重要的一点,就是服从。为什么服从如此重要呢？因为服从是行动的第一步,服从代表着执行力,服从能把大家汇聚成一个团结一致的整体,从而产生巨大的合力！如果一个公司,其员工都很聪明,但是对组织下达的命令,总是持怀疑态度。借口决策不够完美,反复进行讨论而不愿承担风险,不敢去做,对即使是明确的命令也不执行,结果会怎样呢？只能是企业破产、倒闭,关门大吉。为了表现自己的忠诚,员工应以主动服从为第一要义。在具体工作中应从以下几个方面有所表现：

(1)积极配合有明显缺陷的上司。

我们所处的时代,是科学文化技术飞速发展的时代,有些上司原来文化基础较差,专业知识不精。这样的上司,在下属心目中的位置也就不高,越是这样,越对下属的反应敏感。你不妨借鉴他多年的管理经验。以你的智慧与才干弥补其专业知识的不足,在服从其决定的同时,主动献计献策,既积极配合上司工作,表现出对上司的尊重与支持,又能施展自己的才华,英雄有了用武之地,成为上司的左膀右臂,上司不但会记住你,更会感激你,一份汗水,一份收获,何乐而不为呢？

(2)在服从中显示才智。

上司非常重视那些才华出众的"专家"型下属人才。因此,他们服从与否,直接决定上司的决策执行水平和质量。所以,如果你真有水平,想发挥自己的聪明才智,就应该认真执行上司交办的任务,巧妙地弥补上司的失误,在服从中显示你不凡的才华,这样,你就获得了高于他人的优势。智慧加巧干,会使你成为上司心理天平上一枚沉甸甸的砝码。

(3)勇于承担任务。

当上司交代的任务你执行起来确实有难度,其他同事也不愿承担时,你要有勇气出来承担。记得有位大学生临毕业应聘时去请教他的教授,教授给了他一件法宝,那就是同老总说:公司里没有人干的活尽管分给我。这个大学生半年后成了公司的副总。

某企业单身员工姜某患肝炎住进了医院,上司动员同事们去做经常性护理。大家面面相觑,无人表态,上司很尴尬。最后,有一位年轻的小伙子主动站出来,为上司解了燃眉之急。上司大为感动,会上表扬,私下感谢当然不在话下。可见,关键时刻服从一次,替上司分忧解愁,胜过平时服从10次,而且还会深深打动上司,使其铭记在心。

(4)主动争取上司的认可。

很多上司并不希望通过单纯的发号施令来推动下属开展工作。一位资深上司曾说:请求上司的下属比顺从上司的下属更高一个层次,是一种变被动为主动的技巧,不仅体现了下属的工作积极性、主动性,还增加了让上司认识自己的机会。这种工作方式已越来越为现代型的上司和下属重视。

## 3

## 忠于企业,认真做好工作中的每件事

我们应该知道,在这个世界上,并不缺乏有能力的人,但那种有能力又忠诚的人,才是一个顶级企业所需要的最理想的人才。因为人们宁愿信任一个能力差一些却足够忠诚敬业的人,而不愿重用一个朝三暮四,缺乏忠诚的人,哪怕他能力非凡也不行。而且,一个人即使能力再强,如果不能依靠公司的业务平台,也很难发挥自己的才智。

现在社会上有些人有这样一种想法:企业如果多发工资的话,我肯定勤奋努力地工作。有这种想法的人是永远都不可能在工作中取得成功的,因为他不具备对企业最基本的忠诚,做事也缺乏尽职尽责的心态。员

工要明白,忠诚并不是增加自己回报的砝码。如果是这样的话,就是一种交换,而不是忠诚了。

当然,忠诚不是一种纯粹的付出,忠诚会有忠诚的回报。忠诚能给一名员工带来巨大的收益,包括金钱方面,更包括自己的职业生涯方面。企业不仅仅是老板的,它同时也属于每个员工。忠诚的确是老板的需要、企业的需要,但它更是自己的需要,你得依靠忠诚立足于社会。你自己才是忠诚的最大受益人。

记得在一本书上看到过这样一则寓言:

动物王国的小狗汤姆毕业后到处找工作,忙碌了好多天,却没有一家单位录用。因此,他垂头丧气地对狗妈妈诉苦说:"没有一家公司肯录用我,我真是个废物啊。"狗妈妈不由问道:"那么,你的朋友蜜蜂、蜘蛛、百灵鸟和猫都找到工作了吗?"

汤姆说:"蜜蜂当了空姐,蜘蛛当了网络员,百灵鸟当了歌星,猫当了警察。"

狗妈妈继续问道:"还有马、绵羊、母牛和母鸡呢?"

汤姆说:"马去拉车了,绵羊做了纺织工,母牛可以产奶,母鸡会下蛋。和他们不一样,我什么能力也没有。"

狗妈妈想了想,说:"你的确不是一匹会拉车的马,也不是一只会下蛋的鸡,可你不是废物,你是一只能看家的狗。虽然你本领不大,可是,一颗忠诚的心就足以弥补你其他能力的缺陷。"

汤姆听了妈妈的话,使劲地点点头。终于,汤姆在狮子开的一家公司找到了保安工作。由于忠心不二,很快当上了保卫部门经理。

秘书鹦鹉不服气,去找老板狮子理论,说:"小狗汤姆既没有高学历,也不是公司元老,凭什么给他那么高的职位呢?"

狮子回答说:"很简单,因为他对公司很忠诚。"

企业提供的工作机会往往偏爱高度忠诚的人,而一个人要想在一家企业获得成功,首先必须是一个忠诚的人。一个人的能力是成功的资本但不是决定性因素。即使有的人自认为才华卓著,但要是没有忠诚的维系,他做起事情来也不会投入所有的精力,也不会尽心尽力、尽职尽责。因此,员工如果想在工作中有所作为,得到上司或老板的信任,忠诚是唯一的捷径。来到这个世界上,每一个人都不可能独自存在,总是和各种各样的人,以及各种各样的组织和团队发生关系。你必须同与你发生关系的人、组织、团队建立亲密的信任关系,忠诚于对方,否则,对方不信任你,你就会被对方抛弃。

一次,马耳他王国有位王子深夜从外地办完事回王宫,看到一个年轻的仆人正紧紧地抱着自己的一双拖鞋睡觉,他上去试图把那双拖鞋拽出来,却把仆人惊醒了。

这件事给这位王子留下了很深的印象,他立即得出结论:对小事都如此小心的人一定很忠诚,可以委以重任,所以他便把那个仆人升为自己的贴身侍卫。

结果证明这位王子的判断是正确的。那个年轻人在工作中勤于思考,忠心办事很快升任了侍卫长,最后当上了马耳他的军队司令。

忠诚的人容易获得别人的信任和支持,也值得别人对他委以重任,因此忠诚的人更容易获得成功的机会。因为对你自己而言,你的忠诚就是成功的通行证。曾有人对上百家企业进行过深入的研究,目的就是想知道什么因素让一个员工受到老板的重用。结果是,忠诚决定了一个员工在企业的地位,以及受到老板重用的可能性。在企业里升职最快的往往不是能力最强的人,而是那些既有能力又足够忠诚的人,他们的能力得到老板的赏识,他们因为忠诚而受到老板的信任,因此,在有职位空缺的时候,老板首先想到的是他们。能否在事业上有所成就、平步青云,就在于

你是否忠诚于你的老板。

## 4 尽职尽责,为单位出谋划策

一位哲人说过:"如果一个人能够忠诚工作,那么他就成功了一半。"忠诚的人才是优秀的人,他们把工作当事业,充分享受着工作带来的乐趣和荣誉。在他们的心中没有抱怨,他们不会把注意力集中在每月领取的薪水上面,也不会仅仅为了薪水放弃或选择一份工作。他们勤奋努力、一丝不苟,愿意为工作投入百分之百的热情。他们会向比自己优秀的人学习,勇于开拓创新、自我超越。如果你忠诚地为一个企业工作,支持企业的立场,为企业着想,为企业的目标而努力,那么,你早晚会成为这个企业中最优秀的一员。

金融危机下,裁员成了许多企业不得已的应对办法。舒婷与李梅恰好都在"经济寒流"重灾区的金融系统任职。两人几乎是在同一天接到上级主管的通知,她们都在第一批即将被辞退的员工名单之中。按相关法律规定,一个月之后,公司将正式辞退她们。得知消息,两人的心几乎都沉到了谷底。

郁闷了几天之后,李梅很快就"痊愈"了,有说有笑,仿佛什么事情都没有发生。可事实并非如此,大家都瞧得出,李梅外表满不在乎,其实心底却是愤愤不平的。虽然有些话听上去像是同事不经意间的相互玩笑,但其中有许多话却是话中有话,含沙射影地指责别人或抱怨自己受到不公待遇,时常弄得别的同事与领导下不来台。更过分的是,李梅得知要被裁员后,干脆豁出去了。工作上"身在曹营心在汉",能混则混,甚至不顾职场规则,公然用单位的电脑网络上招聘网找工作。工作不上心、不负责,结果给其他同事带来了许多不必要的麻烦,这让别的同事反感起来,巴不得这个牙尖嘴利、说话夹枪带棒的家伙尽快离开。

相反,舒婷话虽然比从前少了,可工作却仍然像往常一样认真负责,甚至做得比以前更好了。除非别人问起,否则她从不主动提及自己即将离开的事情。就算谈起,她每次都说是自己做得不够好,能力欠缺,是自身原因,不是公司的问题。很多同事都深感惋惜,就要失去这样一位善良的好同事。舒婷却反过来安慰别人,说自己会尽量做得更好一点,给大家留下一个好印象,将来再见时大家还会是好朋友。有时舒婷也会开玩笑地说,哪怕自己离开了,也要带走大家的心,让大家想着自己、念着自己。

月末那天,舒婷处理完手边最后工作,才开始收拾私人物品,准备离开。此时人事部经理把她叫去,公司高层经过考虑,她可以留下继续在公司上班。这让舒婷感到很意外,原来这最后一个月里,包括她的主管在内,都在向上反映舒婷是位难得的好员工。她认真敬业,在明知要离开的情况下,仍旧是尽心尽责去做好每件工作,这非常不容易,希望上司能慎重选择。这些意见反映到了老板那儿,最终舒婷得以留任。

职场上类似李梅的人很多,舒婷这样的员工却不常见。这也是为什么舒婷能留下的原因。许多人宁愿多花心思,想着怎样偷奸耍滑,少做点事,也不愿多用点脑筋去想办法尽可能让自己的工作做得更好。他们常常自作聪明地以为自己占了便宜,骗过了领导,其结果却往往是聪明反被聪明误。每个人都清楚,晋升与奖励,终究不会留给那些不负责任的员工的。

# 第四章

## 忠于职守：忠诚负责是员工最基本的职业操守

工作就意味着责任，世界上没有不必承担责任的工作。一个不懂得负责且没有任何责任意识的员工，是不可能把工作做好，也不可能真正为企业带来效益的。因为缺乏责任意识，这类员工工作中很容易出纰漏，更重要的是，当他们犯下错误的时候，却不愿意承认。他们总会想办法找各种理由与借口为自己开脱，不敢也不愿担责。比如，时下有很多人对待自己的工作敷衍了事："我不过是在为老板打工。"这种想法颇具代表性。这种说法其实是错误的，大多数人并没有意识到自己在为他人工作的同时，也是在为自己工作。工作，表面看来你确实在为老板卖命，你辛苦也好，清闲也罢，你所做的就是为公司招揽业务，争取利润，偏偏你的利益又不能和努力及时挂钩，或者根本不挂钩。但实际上，工作不仅为自己赚到养家糊口的薪水，还为自己积累了工作经验，工作带给你远远超过薪水以外的东西。从某种意义上来说，工作真正是为了自己。工作能够丰富我们的经验，增长我们的智慧，激发我们的潜能，这些都是让你终身受益的财富，它比金钱重要万倍，既不会遗失也不会被花掉。所以，尽快放弃那种为了老板而工作的念头吧，它是你成功路上最大的绊脚石！无数事实都证明，一个人一旦缺失责任感，再有能力也无从施展，而一旦拥有了责任感，不仅可以实现自我价值，同时也可为企业创造不可估量的价值。

加藤信三曾经是狮王牙刷公司的一个小职员。有一次，加班到很晚他才回家。第二天早上，加藤信三为了赶去上班，刷牙时急急忙忙，结果在刷牙的时候，因为过于匆忙，牙齿被刷出血来。作为一名牙刷公司的职员，使用公司生产的牙刷竟然多次出现这种问题，他感到非常恼火。

到了公司，他跟办公室的几个同事一起讨论这个问题，相约一同设法解决刷牙容易伤及牙龈的问题。他们想了不少解决刷牙造成牙龈出血的办法，对牙刷进行必要的改造，从牙刷的刷毛质地、牙刷的造型、牙刷刷毛的排列顺序等情况提出了很多重要的改造方案。经过长时间的研究，加藤信三终于找到了最好的解决办法。原来,以前的牙刷由于是机器切割,所以刷毛顶端全部都是呈锐利的直角,这才是刷牙出血的真正原因。加藤信三决定改善刷毛的切割方式,将刷毛的顶端全部弄成圆角。

经过实验取得成效后,加藤信三正式向公司提出了改变牙刷刷毛形状的建议,公司领导看后,也觉得这是一个特别好的建议,欣然把全部牙刷刷毛的顶端改成了圆形。改善后的狮王牌牙刷很受广大顾客的欢迎,销路极好,销量直线上升,最后占到了全国同类产品的40%左右,公司盈利颇丰。加藤信三也由普通职员晋升为课长,十几年后成为公司的董事长。

这个故事启迪我们:工作中商机无处不在!你身边有很多如金子般有价值的商机,一直被你所忽略。牙刷不好用,在我们看来都是司空见惯的小事,所以很少有人想办法去解决这个问题。而加藤信三在为单位出谋划策的驱使下不仅发现了这个小问题,而且对小问题进行细致的分析、改进,从而使自己和所在的公司都取得了成功。

英国前首相丘吉尔有句名言:伟大的代价就是责任。对于职场人而言,事业的成功也是责任。工作即责任,一份工作就必须要承担一份责任,敢于担责也是一个职场人最基本的素质要求。无论工作是什么,岗位处于怎样一种级别,既然选择了这份工作,站到了这个岗位之上,那就必须要有负责到底的决心与毅力,因为这种选择也就是责任的选择,不可推卸,不容逃避。放弃责任,也就等于放弃了自己工作的权利,放弃了事业发展的前景。工作本身没有贵贱之分,不同的只是人们对于工作的态度。看一个人是否能做好事情,主要是看他对待工作的态度。工作犹如在银行里储蓄,你努力了、尽责了、付出了,你就必将享受你的储蓄,获得愈来愈大的支取的权利。如果你不努力、不尽责,而只想支取,势必造成透支,透支欠下的债是早晚要还的,没有人能逃避为此付出代价。

其实,每个企业都可能存在这样的员工:他们每天按时打卡,准时出

现在办公室，却没有及时完成工作；他们每天早出晚归、忙忙碌碌，却没有做出什么成绩。对他们来说，工作只是一种应付：上班要应付工作，出差要应付客户，工作检查要应付领导等等。这些员工做一天和尚撞一天钟，没有奋斗目标，没有责任感，终日应付了事。这其实是员工缺乏忠诚的一种表现，更是工作中的失职。改变职场命运，首先要从改变态度开始。作为员工，如果怀着强烈的工作责任感和忠诚，就能从工作中积累更多经验，获取更多薪水，享受更多快乐，最终实现职场生涯的飞跃。

## 5

## 勇于担当，危难时刻与单位共渡难关

经常会有员工说："我不是老板，企业倒闭了跟我没关系，我不会遭受损失。"一旦企业出现什么危机，他们会以最快的速度逃离企业。这是典型的缺乏忠诚的员工。这类员工错误地把自己和所在的企业对立起来，错误地认为个人前途与企业前途没有关系。其实，企业和员工是密不可分的，企业利益和员工个人利益也是高度统一的，它们一损俱损，一荣俱荣。

企业和员工是一个共生体。在任何一个企业、任何时候，员工都不能做一个旁观者，而是要有主人翁意识，树立"与企业一同成长"的思想。作为一名员工，只有始终把企业的命运和自己的命运紧密联系在一起，时刻关注企业的利益，与企业同呼吸共命运，才能形成无坚不摧的团队，才能真正实现企业和员工的共同发展，达到一个又一个既定目标，真正取得胜利。

## 恪守职业道德 提升职业素养
Keshou zhiye daode tisheng zhiye suyang

  李德是一家大公司的职员，主要职责是协助总经理签单、与客户谈判等。他刚进公司，公司运作良好，他的薪水也拿得很高，李德觉得自己选对了公司。但是突然有一天，老板马总召开全体员工会议，宣布公司目前正面临挑战，因为公司目前正在进行的项目已经耗资几百万，发不出员工这个月的薪水了，请大家见谅，下个月一起补发。员工们没有提出异议，安安静静地回去工作了。一转眼半年过去了，马总辛苦奔波，虽然整套审批手续都办了下来，但是公司资金周转不灵，陷入了瘫痪状态。别说发工资，就是公司运营的日常费用都要向银行求救。当马总把这个消息告诉员工时，员工们个个人心涣散，辞职的辞职、罢工的罢工。不到一个星期，公司剩下的人已经屈指可数了。这个时候，有人高薪聘请李德到他们的公司，但李德始终不为所动。他对来人说："公司景气的时候，老板给了我许多；现在公司有危难，我应该与公司共渡难关。只要老板马总没有宣布公司倒闭，我就不会离开公司。"来人听了李德的话，感叹地对李德说："现在像你这样的人不多了，如果公司不幸倒闭，请一定到我们公司来。"李德答应了。

  情况越来越糟，最后留在马总身边的只剩下李德一个人了。马总大为感动，他许诺一定要为李德找个好未来，当时李德不知道他指的是什么。原来，马总将之前的项目转让了，在转让的合同里，马总开出一个条件，就是让李德担任接受转让的公司的项目开发部经理，并对他们说，他是公司最需要的人。李德加入新公司后，出任了项目部经理，新公司给他补发了原公司拖欠的工资，并对他与公司共命运的行为大加褒奖了一番。经过几年的奋斗，李德成了这家公司的副总裁，而他与马总始终保持着良好的关系。李德在公司危难之时，舍弃了高薪工作，选择了与公司共渡难关，结果得到了老板马总的信任和器重。

# 第四章

## 忠于职守:忠诚负责是员工最基本的职业操守

公司有时也和人一样,也会经历风风雨雨,有时还会陷入艰难境地。面对公司可能出现的减薪、瘫痪、倒闭等情况,作为员工会做出不同的选择,有的人基于生活所迫或期望有更好的发展而选择另谋高就,有的人则选择留下来与公司共渡难关。我们不能指责那些在企业危难之时选择离开的员工,因为各人有各人的立场。不同的是,那些选择留下来与企业共渡难关的人会得到更多。因此,经济学家洛里·西尔弗说:"企业和员工是一个共生体,企业的成长,要依靠员工的成长来实现;员工的成长,又要依靠企业这个平台。企业兴,员工兴;企业衰,员工衰。微软是这样,IBM是这样,沃尔玛也是这样,所有企业都是这样。"确实,微软、IBM、沃尔玛等等,这些企业能够成长为世界一流的企业,是因为始终有一批世界一流的员工在和这些企业一起奋斗,与企业共命运。

十多年前,18个年轻人怀揣着创业的梦想从北京到了杭州,杭州是这个团队中大部分人的家乡。就是这些人,创造了阿里巴巴,他们被称为十八罗汉。"十八罗汉"中,除了身为阿里巴巴董事局主席的马云之外,为外界所熟悉的,还有淘宝网总裁孙彤宇、阿里巴巴资深副总裁金建杭、阿里巴巴首席财务官蔡崇信、阿里巴巴首席人力官彭蕾(孙彤宇的妻子)。不为外界熟悉的则包括:原阿里巴巴中国事业部总经理、现阿里巴巴顾问张瑛(马云的妻子),阿里巴巴总经理吴泳铭,支付宝产品部总监盛一飞,阿里巴巴B2B中国市场运营部产品规划师楼文胜,淘宝网用户体验设计总监麻长炜,支付宝市场运营部总监韩敏,阿里巴巴执行董事、B2B网站产品发展资深总监谢世煌,阿里巴巴执行董事、副总裁戴珊,阿里巴巴资深经理金媛影,阿里巴巴总经理助理蒋芳,阿里巴巴技术部周悦虹,阿里巴巴资深总监师昱峰,阿里巴巴国际事业部饶彤彤。

1999年2月20日,大年初五,在一个叫湖畔花园的小区,16栋三层,18个人聚在一起开了一个动员会。屋内几乎一穷二白,只有一个破沙发摆在一边,大部分人席地而坐,马云站在中间讲了整整两个小时。彭蕾说:"几乎都是他在讲,说我们要做一个中国人创办的世界上最伟大的互联网公司,张牙舞爪的,我们就坐在一边,偷偷翻白眼。"

公司的启动资金是50万元,18个人一起出钱凑的,马云并不是没有这笔钱,但是他希望公司是大家的,所以18个人都出了钱,各自占了一份不同比例的股份,写在一张纸上,很简短的英文。签上名字之后,马云让大家回去把这张纸藏好,从此不要再看一眼,"天天看着它做梦,我们就做不好事。"

在很长的时间里,这些人每个月拿500块钱的工资,在湖畔花园附近举步可达的地方租房子住,有的两三人一起合租,有人索性住进了农民房,吃饭基本就是3块钱的盒饭。戴珊很喜欢吃梅干菜,有一次吃着盒饭,突然对大家说,"等我有钱了,我就去买一屋子的梅干菜!"

这18个创始人,终于在8年后见证了这家公司的上市,并收获了丰厚的回报。阿里巴巴在上市当天成为一家市值超过200亿美元的中国互联网公司。而这18个人,根据阿里巴巴市值计算,他们每个人都已经成为亿万富翁。

在员工职业道德建设中,每个人,无论从事什么样的职位、做什么事情,都有与之相对应的责任,也会有与之相应的权利。你有多大的权利,就必须负起多大的责任,如果你企图推脱责任,那么最终你也将失去所有权利。与企业一同成长要求员工必须有长期服务于企业的意愿,有与企业共进退的决心。只有与企业同患难,才可能与企业同成长。在企业困难的时候当"逃兵"自然也就无法享受最终的成果。这些在企业最困难的时候不当"逃兵"的员工是值得我们学习的榜样。他们把自己当成公司的主人,在公司出现危机的时候积极行动,去抢救和保护它。当然,与企业一同成长,也让他们享受到企业给自身带来的利益。

对于员工来说,当我们踏入企业之后,我们就不是企业的过客,而是企业中的一员。只有肩负起和企业同命运的职责,与企业一同成长,才能在工作中赢得企业的赏识和重用,从而成就自己的事业!

## 6

## 抵制诱惑,保守企业的秘密

一个人要想跨进成功的大门,就必须有一张门票——忠诚。在企业里,忠诚不仅仅是一个人的品质问题,还会关系到公司和企业的各种利益。忠诚不仅有其道德价值,还蕴含着巨大的经济价值和社会价值。对于员工来说,不能为了个人私利而出卖公司,这是职场成功者的忠告。

一家报纸曾经报道过一个这样的故事:小周原是某省武警支队的一名班长,退伍时正值重庆一集团公司市场部招聘经理助理,小周前去应聘。在一系列测试中均名列前茅,可在笔试中他却交了白卷。

原来笔试中有一道题:"请写出你原单位最秘密的东西和对本公司最有价值的材料"。他写道:"我是一名退伍军人,保守军事秘密是我义不容辞的责任,请谅解。"公司负责人看到这份"白卷"后,欣然录用了小周。公司方面认为,保守军事秘密与保守商业秘密同等重要,对原单位不忠诚,也将意味着对本公司不忠诚。交白卷就是最合格的答卷。就这样,小周被录用了!

保守秘密是身为员工的基本行为准则,是事业的需要。机密关系到企业的成败，关系到上司的声誉与威望。身为员工一定要对秘密做到守口如瓶。保守秘密，是身为员工忠诚使命的具体表现，也是国家法律的基本要求，有利于实现市场公平竞争，保证市场的健康有序发展。一个人背叛公司，其实也就是背叛你自己，最终的结果就是走向失败。作为一名员工，无论任何时候我们都不要忘了自己的角色，我们需要为公司争取利益，而不是为自己谋取利益。员工应当忠实维护国家利益和公司利益，不得利用公司商业秘密、业务渠道、客户资料、生产经营资源等为个人谋取私利。相信大家都有为别人保守秘密的时候，有些秘密小至影响个人名誉，大则会亡国灭族，所以说只要是秘密，往往不会希望太多人知道，尤其是在如今这般复杂的环境之中，只要你是属于公司的一员，你都有义务替公司保密！

我国的不少企业都吃过泄密的苦。比如一些中外合资企业，外方以资金入股，中方以技术、土地、厂房等入股是一种惯用的投资方式。但对于用何种技术入股，如何保护有秘密性的技术，则忘记或忽略了，一不小心技术就被泄露了出去。

某大型石化公司研究所在西气东输过程中，与境外某公司共同组建一股份制公司，该石化公司以其专有技术入股，占20%的股份。然而，股份公司经营不足半年就垮了，该研究所的技术成果没有得到一点回报，而其他合作方却因掌握了该技术而自行办厂，效益丰厚。

又如，某市一家粮油公司在对花生加工设备的技术改造中取得突破性成果，由于忽视了保密工作，没有作为商业秘密采取一定措施去保护，被打着合作幌子的日本一家企业套去了技术资料，人家抢先申请了专利，反过来状告我方侵权，要求赔偿，我方干吃"哑巴亏"。

市场竞争是激烈而残酷的，胜负往往在毫厘之间。一个秘密可能关系公司的生死，一个信息可能左右企业的成败。在员工职业道德建设中，加强对员工进行保守商业秘密教育，不断提高保守企业商业秘密的自觉性，已经是相当紧迫的事了，决不可以掉以轻心。

# 第四章
## 忠于职守：忠诚负责是员工最基本的职业操守

小李是一家公司的办公室秘书，能力出众，深受老板赏识，因为经常和老板在一起，自然知道公司很多的商业机密。有一次，公司的一位合作伙伴请小李喝酒，席间，这位合作伙伴说："最近我和你们老板正在谈一笔很大的合作项目，如果你能够把你们公司的一些机密资料告诉我，这将使我在谈判中掌握主动。"

"什么？你是说让我出卖老板的商业机密？"小李皱着眉头说道。

这位合作伙伴小声地对小李说："这件事情除了你知我知，没有任何人知道，对你不会造成任何影响。"说完，便给小李一张十万美元的现金支票，小李欣然接受了，并讲出了公司所有的机密。

结果，在谈判中，小李的老板吃了很大的亏，公司损失巨大。事后，公司老板费尽心机终于查出是小李泄露了公司的商业机密。原本有很大发展前途的小李不仅丢掉了工作，而且他得到的那十万美元也被作为赔偿款被公司没收。

忠诚，无论对个人还是一个组织来说，都是其存在的基础和发展的根本，谁愿意同一个缺乏忠诚的人或组织打交道？缺乏忠诚，对于一个人来讲，就意味着失去立身之本，为人之道失去了良心。对于一个企业而言，就意味着失去客户，失去了市场，失去了外援，也就失去了一切企业赖以生存的环境和空间。抵制诱惑，关键时刻见忠诚。当今社会，到处都充满诱惑，而诱惑对一个职场中人来说，是一个陷阱，也是一种考验。忠于企业最基本的一点就是绝对不能做有损于企业的事。忠诚是市场竞争中的基本道德原则。作为企业的员工，应该与企业保持一致，信守企业的秘密，与企业同舟共济。

# 第五章　遵章守纪:遵守纪律是员工走向成熟的标志

纪律是企业存在的根本,是维持员工之间关系的准则。遵守纪律是每个员工最基本的要求,也是每个员工应具备的最基本素质。只有用纪律、制度、标准来规范每个员工的行为,规范工作程序、工作质量,才能使工作程序最佳化、工作质量最优化、工作效益最大化。

## 1

## 遵守纪律，一切行动听指挥

严明的纪律是事业成功的保证。前苏联著名将领苏沃洛夫有句名言："纪律是胜利之母。"革命战争要取得胜利依靠铁的纪律，而今天，我们在建设中国特色社会主义这一伟大事业的进程中，同样需要强调纪律。作为企业的员工，不管自己多么优秀，如果想获得更大的发展空间，就要服从纪律，一切行动听指挥。

在战场上，无论是何种命令，作为军人都必须无条件地执行，这是必须遵守的纪律。而一支高度遵守纪律、执行命令最坚决的部队，其战斗力也是最强的，无论这支部队的装备如何。因此，纪律是企业存在的根本。是维持员工之间关系的准则，如果没有了纪律的约束，各个企业部门都将成为一盘散沙，没有凝聚力，企业必将溃散，不能存在或没有了存在的价值。在企业团体中，遵守纪律是每个员工最基本的要求，也是每个员工应具备的最基本素质；一个团结协作、富有战斗力和进取心的团体组织，必定是一个有纪律的团体。

有个有趣的故事背后有着很深的启示意义：在战场上，有个班长带着一队人行进，突然，班长在前面的林子里看到了敌人的踪迹！

"卧倒！"

其他人都卧倒了，只有一个人还若无其事地站着，他正在

想:"为什么要卧倒呢?战场上连个鬼影都没有!"

然而,就在接下来的一秒钟里,一颗子弹穿过了他的脑袋,他重重地倒在地上,瞬间毙命,原来前面的林子里藏匿着一个敌方的狙击手。

军人以服从命令为天职,而这就是纪律,并且是最高的纪律。铁的纪律是战斗力的保证。没有铁一般的纪律就不能执行铁一般的任务。在军队,有铁的纪律的部队才是真正的军队,才是有战斗力的军队;在公司,遵守纪律,是每个员工最基本的道德,具有严格纪律的企业和有强烈纪律意识的企业员工,才是有市场竞争力的企业。在战场上,不服从纪律的士兵容易瞬间毙命。那么在职场上,不服从纪律的员工会怎么样呢?

有位老板手上有很多期货,准备找准机会出手,好套取大笔现金。有一天,他终于看准了机会。原来,他手上期货的价格马上就要冲上峰值了,所以他欣喜若狂,立马打电话给手下的员工,要员工立即抛出。

没想到,这位员工却有自己的想法,他认为,现在价格不断上涨,完全可以等冲高点再抛售,多赚到钱老板一定更开心的,然而,5分钟之后,期货价格如跳楼般下跌,老板手里大量的期货都再也卖不出去了!

老板以为赚了大钱,在办公室等着员工报喜,一会儿电话铃响,正是那个不服从命令的员工打来的,老板听了之后脸色铁青,失望地说:"你太让我失望了,明天你不用来上班了。"说完就生气地挂了电话。

本来一件很简单的事情,因为不服从导致了相反的结局,令老板蒙受了巨大的损失,让自己被炒了鱿鱼。一个工厂如果没有劳动纪律,工人们各行其是,这个工厂就会变得乱糟糟,生产就会陷于瘫痪。一个城市如果

恪守职业道德 提升职业素养
Keshou zhiye daode tisheng zhiye suyang

没有交通纪律,居民们在街上随心所欲,你骑自行车乱闯红灯,我驾汽车横冲直撞,他步行随意穿越马路,那么这个城市的交通状况必然是一片混乱,交通事故带来的不幸就会降临在许多人的头上。所以,无论企业是大是小,如果员工缺失纪律意识,那这样的企业也就不能立于不败之地,企业的发展也不会长久。

采购部的经理摩尔放下电话,就嚷了起来:"糟了,糟了!那家便宜的东西,根本不合规格,还是迈克尔的货好。"他狠狠地捶了一下桌子说:"可是,我怎么那么糊涂,还发 E-mail 把迈克尔臭骂一顿,还骂他是骗子,这下麻烦了!"

秘书玛丽小姐转身站起来说:"是啊!我那时候不是说吗,要您先冷静冷静,再写信,您不听啊!"摩尔说:"都怪我在气头上,以为迈克尔一定骗了我,要不然别人怎么那么便宜。"摩尔来回踱着步子,突然指了指电话说:"把迈克尔的电话告诉我,我打过去向他道个歉!"

玛丽一笑,走到摩尔桌前说:"不用了,经理。告诉您。那封信我根本没发。"摩尔惊奇地停下脚步,问道:"没发?"玛丽笑吟吟地说:"对!"摩尔坐了下来,如释重负,停了半晌。突然抬头问:"可是,我不是叫你立刻发出的吗?"

玛丽转过身,歪着头笑笑,说:"是啊,但我猜到您会后悔,所以就压了下来。"摩尔惊讶地问:"压了3个礼拜?"玛丽得意地说:"对!您没想到吧?"摩尔冷冷地回答:"我是没想到。"摩尔低下头去,翻记事本:"可是,我叫你发,你怎么能压?那么最近发南美的那几封信,你也压了?"玛丽说:"那倒没压。我知道什么该发,什么不该发!"没想到摩尔居然霍地站起来,沉声问道:"是你做主,还是我做主?"

玛丽呆住了。眼眶一下湿了,颤抖着问道:"我,我做错了吗?"摩尔斩钉截铁地说:"你做错了!"玛丽被记了一个小过,但没有公开，除了摩尔，公司里没有任何人知道。真是好心没好报！一肚子委屈的玛丽再也不愿意伺候这位是非不分的上司了。她跑到克里经理的办公室诉苦,希望调到克里的部门。克里笑笑："不急,不急！我会处理。"隔两天。果然做了处理,玛丽一大早就接到一份解雇通知。

不服从上司的工作安排,后果只能是付出惨痛的代价。玛丽小姐,擅自做主最后招致解雇。作为企业的员工,你必须知道,无论你帮上司管了多少事情,无论上司多糊涂,甚至依赖你到连电话都不会拨的程度,但他毕竟还是你的上司,任何事也毕竟还是由他做主。所以,你也必须服从。想要使自己在职场上立住脚,必须要视服从为天职。一个高效的企业必须有良好的服从观念,一个优秀的员工也必须有服从意识。因为所有团队运作的前提条件就是服从,从某种意义上可以说,没有服从和执行就没有一切。

遵守纪律,就需要加强自己的道德修养和文化修养,从思想上认识到遵守纪律的重要性,增强自己对社会的义务感。同时,要自觉地遵守纪律,不论大事小事,凡是纪律要求做到的,就坚决去做;凡是纪律所禁止的,就坚决不做;在没有人监督和别人不知道的情况下,同样遵守纪律,养成遵守纪律的习惯,使遵守纪律成为我们的自觉行动。

## 2 及时地向上级请示汇报工作

执行是一门教你学会如何完成任务的学问。执行体现在职场上就是把领导的决策和上级吩咐的任务付诸实践的过程。善于沟通才能保障执行力度。因为只有做好及时的沟通,才能保证任务完成的速度和质量。执行中的许多问题都是由沟通不当或缺少沟通而引起的,最终的结果是产生一误传、误解。要想获得良好的结果,你必须及时地向上级请示汇报工作。这无疑对你日后的工作有许多帮助。

程军是某网络公司的一名编程员,平时不怎么爱说话。一天,公司部门主管拿来一份程军的程序方案,对他说:"中间有几个地方编制得不好,你再重新编一下。"程军接过来说:"是。"然后开始埋头苦干。在短短半个月里,程军总共五次接到修改或重做的指令。事实上,这五次之中涉及的编程似乎没有什么修改或重做的必要。但程军在接到要求修改的指令时,没有表达出任何异议,只是低头重复说着"是"。程军觉得很烦恼:"程序明明没有什么修改的必要,为什么主管要不厌其烦地修改呢?"后来,同事告诉程军,那是因为部门主管第一次来的时候看他只会低头说"是",便决定和他开个善意的玩笑,目的是提醒他。

在员工职业道德建设中,要做好工作,执行到位,你必须先和上司做好"沟通"。因为通过沟通,才能使你的上司了解你的工作作风、确认你的应变与决策能力、理解你的处境、知道你的工作计划、接受你的建议,这些反馈到他那里的资讯,让他能对你有个比较客观的评价,并成为日后能否提升的考核依据。如果你不愿意"浪费"精力和上司沟通,那么你得先好好想想:即使你再有能力,如果没有上司的认可,你会不会得到上司的提拔?一个员工只有得到上司的认可,晋升和加薪的可能性才会更大,其职业生涯也才能不断发展。所以,和上司沟通,得到上司的认可,就成了执行成功的一个关键因素。

要保障工作的顺利执行需要良好的沟通。首先,上司与下属要及时沟通、善于沟通,提高执行力度。不难理解,只有上司与下属之间做好及时的沟通,才能保证任务完成的速度和质量。很多上司都习惯于下达任

## 第五章
### 遵章守纪：遵守纪律是员工走向成熟的标志

务，而等到下属任务完成后才发现，跟自己的要求和期望值不符，这样的结果直接降低了执行力度。如果上司能在下达任务的时候就与下属直接沟通，表达自己的理解和要求，这样势必减少工作中的"二次返工"，不仅提高了工作效率，同时也有利于下属对上司意图的领悟。其次，沟通是为了发现和解决下属在执行过程中的顾虑，引导下属按照正确的思路思考与行动。下属在实际的工作中，要面临各种各样的复杂局面，难免会有挫败感或动摇的情绪。这样执行力也会因为挫败感而大大地下降，严重阻挠工作的执行进程。实践证明，如果在这个时候能够及时沟通，给予更多的鼓励和支持，帮助他想办法，积极地面对，让下属再次充满斗志，执行的能力就会大大增强。

王云宜做事认真细致，和同事、下属关系都很融洽，可她就是不愿意和上司主动交流。她说她其实挺欣赏自己上司的，认为他敬业、有才华、对下属负责，但她不知为什么一见上司就底气不足，和上司沟通能躲就躲。有一次，因为没有听清楚上司的意思，导致上司交给她的工作被耽搁了，上司事后问她："为什么你不过来再问一声？"她说："怕你太忙。"上司听后很生气。

时间长了，王云宜一和上司沟通就紧张，出现脸红、心跳、说话不利索的状况。大家都认为王云宜怕上司，她自己也这么认为。上司看见她这样，也就很少和她单独沟通。一次晋升的机会来临了，王云宜很想拥有这个机会，但又犹豫了，因为升职后的工作会面临比较复杂的关系，需要经常和上司保持沟通。她觉得自己天生怕领导，不知道怎样克服心理障碍。

王云宜并不是天生就"害怕"上司，而是上司的言语比较严厉，让她无法接受，后来她就越来越逃避和上司接触。有很多像王云宜这样的白领，发现同领导交流时会有心理障碍，总是怕领导会怪罪自己，怕自己一句话没说对得罪了领导。沟通中不能得到上司良好的反馈，很影响工作的积

105

极性,也会阻碍员工和上司的"有效沟通"。所以当上司言语严厉,对你的工作反馈也不好时,你首先要试试看,能不能让上司认识到,他的态度出现了问题。如果你无法做到这一点,你就只能试着做个"厚脸皮"的人,从心理上增强受挫能力。此外,我们在向上级沟通时要牢记六条黄金戒律:

第一,不要把某件事不会做当成拒绝的理由。例如,当领导安排工作时,某些下属会面带愁容,说"这个我不会呀"或者"我不了解情况呀"等来推辞,也许确实是不会或不了解工作所需的背景情况,但绝不可当成拒绝的理由。

第二,不要把没时间作为借口。有时候布置任务时,通常是紧急任务,经常听到某些下属这样对领导说:"我手头还有您和××安排的其他事儿呢,时间排不开呀"等等。这种情况下,一般来说下属确实是手头事情比较多,特别是存在多头领导时。但要知道,在这种情况下,领导既然仍然坚持安排,只能说明两点,一是,这件事是你职责内的事情,而且比较紧急。二是,这件事只有你能够胜任,领导信任你。你能够做的是和领导沟通事情的优先级,沟通任务交付的时间,而不是首先想到拒绝接受。不要把没有时间或时间不足当成借口,同样适用于未按期完成任务时的沟通。

第三,不要想当然。向上沟通时不要想当然,一是在汇报情况时要有调研有事实作为依据,不要在没有充分调查的情况下就说"我觉得……,肯定是……"等,常言说没有调查就没有发言权。二是在领导布置工作时要听清楚任务的内容、时间要求、目标和效果等,不要稀里糊涂地接受任务,然后在最后关头偏离目标十万八千里时,才对领导说"我以为您说的是……"

第四,千万不要忘记领导的安排。一拍脑袋,满脸不好意思地说"哎哟,我把这件事给忘了……"的情景经常会发生在一些员工身上。要知道忘记领导的安排可能酿成大错,这是最不可饶恕的失误。所以,每一个人都要学会时间管理,都应该有适合自己的时间管理工具。

第五,不要和他人攀比,特别是犯错误时,更不能和领导相提并论。

## 第五章
### 遵章守纪：遵守纪律是员工走向成熟的标志

比如领导有一天迟到了半个小时，你知道他昨天晚上和客户谈到几点吗？他也许是和客户谈到凌晨四五点后才回家洗了个澡，亲吻了一下自己刚满两个月的孩子就来上班了呢。领导的错误自有领导的领导来批评指正，不是我们作为下属应该操心的事儿。

第六，不要把责任推给别人。能够做到这一点确实需要一些功力，因为一般人都下意识地把责任归咎于其他人或客观原因，这是一种自我保护意识，但却是职场上的一大忌。所以，要从自身找原因，勇于承担责任。

很多职场人士看不惯那些与公司领导走得很近的同事，认为他们是在跟领导套关系，在拍领导的马屁，他们之所以能迅速得到晋升，获得加薪，都是因为拍马屁的结果。其实，这类喜欢"阿谀奉承"的同事，未必就是在拍领导马屁，他们很可能仅仅是善于和领导沟通。他们通过和领导交流自己的内心想法和看法，提出对企业有建设性的意见，帮助领导出谋划策，给领导了解下面的情况提供了很有利的帮助。长此以往，每当公司有了好的职位，领导当然最先考虑这批人了。当然，"林子大了，什么鸟都有"，有极少数人，他们确实并非在跟领导沟通，而是纯粹的溜须拍马或者打其他人的小报告。一般而言，这类人更难得到晋升。他们晋升的机会不是没有，但是很少有上司或者老板会欣赏这类员工。上司始终更欣赏那些真正能为他办事的员工。

## 3
## 认真执行操作规程和安全规定

纪律就是执行力！国有国法，家有家规，企业的规范化管理必不可少，没有制度与规范，没有纪律的约束，企业的发展就如海市蜃楼，日渐式微，这也就要求公司的每一个员工必须从思想上统一认识，从行动上加以执行，必须按照公司的制度规范，认认真真、一丝不苟、不折不扣地做事。

员工的工作，是否按流程执行，是否不违反制度，是执行力的最基本表现。很多公司的规模做大了，但竞争力却并没有得到相应的提升，原因就在大家的执行基础不扎实。按流程执行是提升企业效率的关键，因为流程是规范做事的程序，流程中每一个环节都有规范，按规范做事才可能提高效率，并给企业带来安全和竞争力。

陈丽丽是燕京啤酒的一名质检组组长。一天，她在生产车间巡视时注意到有一台机器的运转速度不稳定，而操作工小郭仍然在生产操作。经验和直觉告诉她，这台机器的转轴内芯有可能出现了较严重的磨损，必须停机检修，否则，生产出的产品很有可能出现质量问题。

于是，陈丽丽马上安排这台机器的工人准备停机检修，但操作工小郭却说："陈姐，不能停啊，这批货特别急，那边已经催了好几次，上面下命令明天必须交货，否则会扣奖金的。""再说了，这台机器以前也出过这个毛病，也没出现什么问题啊。"

陈丽丽听了这话，耐心地对操作工说："小郭啊，这台机器必须检修。如果因为机器缘故造成质量问题，你知道那样的影响会有多坏吗？咱们的啤酒消费者如果喝着味道有问题，肯定不会再买了，我们与经销商之间的合作也会受到很大影响。到那时，也许不会再有'赶活'的任务，因为根本就没活干了，奖金就更不用提了。而且，我们生产的产品是要对消费者负责的，你说是不是？"

听了陈丽丽耐心的解释，操作工小郭才开始停机检修。一个可能给企业带来不利影响的隐患在陈丽丽按流程的工作中解决了。

按流程执行是员工执行力得到基本体现的保证。一个员工，他的能力再强，如果不按流程执行，也可能会犯低级错误。因为流程是前人工作

第五章
遵章守纪：遵守纪律是员工走向成熟的标志

经验的总结，按流程执行，意味着我们可以少犯一些低级的错误，意味着我们可以用最有效的手段提升自己的工作效率，而这些，恰恰影响着一个人的执行力大小。

尊重流程才能有效执行，一个对流程不尊重、不信任的人，不可能百分之百地按流程执行。可是，我们又为什么要尊重流程？答案是因为它对我们每个人的利益有好处。许多企业规模很大，营业额很高，但最后的利润却少得可怜，与这种工作混乱导致管理成本增加有很大的关系。因此，按流程执行不仅仅关系到员工个人的执行力，对企业的整体竞争力也起着很大的作用。企业是一个有机组织，如果员工做事没有规范，彼此之间职责不清，越位、错位、缺位现象严重，那么企业这个整体的工作效率就会受到很大的影响，从而降低企业的竞争力。

提起冀中能源峰峰集团牛儿庄采矿公司通风区放炮三班班长金文强，工友们都这样说"一到工作岗位上他就会变得胆子小、婆婆妈妈、执行规程措施、斤斤计较"。2009年3月初的一天，541007运料道石门掘进工作面放炮员小刘刚估计着量完距离，拉好放炮警戒绳后，金文强却解下放炮警戒绳，并严厉地说："小刘，你看还不到75米，再向后退几步再挂放炮警戒绳，放炮员干的是仔细活，稍不留神就会出大乱子。"随即，金文强按规定距离拉好警戒绳，接着又检查了人员撤离情况后，才允许小刘拉炮。为了保证危险爆炸物品出火药库之后的安全，只要他上班，就会跟着去最远地区的放炮员一起送炮，一路上，他不是嘱咐这就是提醒那，生怕出什么纰漏，到工作面上，"一炮三检"、"三人连锁放炮制度"执行得一丝不苟，谁要是省一个步骤被他发现，返工不说，还得被狠狠地批评一顿。

流程是执行的标准，脱离了这个标准去执行，即使结果再漂亮，也无益于团队或企业的整体工作效果。在强调团队作业的工作中，任何一个人脱离了流程的秩序,都会引起团队的混乱,降低团队的整体效率。按标准执行看似烦琐,实际上却保证了我们的工作质量。正是因为按流程执行能够提升效率、降低失误,所以我们在强调执行力的时候,才会首先强调按流程执行的必要性。员工的工作,是否按流程执行,是否不违反制度,是执行力的最基本表现。同时,这也是确保员工安全生产的保障。

一日清晨 7 时 35 分,某矿碎石车间的岗位员工正在打扫岗位卫生,为岗位交接班做准备。因为当时的生产任务紧迫,这时的皮带运输机仍在不停地运输矿石。11#皮带岗位操作工宋明像往常一样冲洗岗位上的皮带运输机。但心中焦急,为了能按时下班,他不顾皮带还在运行,用橡胶水管冲洗皮带运输机的各部位。当他冲洗完皮带南面的平台后,水管要收到皮带的北面去。这时,宋明走近皮带的主动轮与减速机靠背轮处将水管甩过皮带,因靠背轮缺少安全罩,当时宋明的上衣也未扣好,在使劲甩水管时,宋明的上衣一下子就被靠背轮螺杆挂住旋转,将宋明绞死在了皮带减速机靠背轮下面。事故原因分析:一是宋明违反《安全操作规程》中"严禁在设备运行中冲洗岗位及隔机传递工具物品"的规定;二是存在事故隐患,即减速机靠背轮缺少安全罩,没有及时整改;三是宋明习惯性作业,心存侥幸,麻痹大意。

每一家正规的企业都会制定系统化的安全操作规程和规章制度,这是落实安全责任的保障。企业的安全操作规程和规章制度都是在无数次安全生产事故后用血来书写的,它的制定为的就是让这些血淋淋的事件不再重演,保证生产者安全无恙、企业平安顺利。然而,安全管理严格不起来,安全措施落实不下去,部分员工安全意识和遵章守纪自觉性不强,处置异常情况图省事、走捷径,"低级错误"成习惯,对老毛病、坏习惯熟视无睹,麻木不仁,致使现场违章屡查屡犯。这是我们要高度警惕的情况。

第五章
遵章守纪：遵守纪律是员工走向成熟的标志

安全规章制度是事故教训的积累，遵章守纪是安全的保证。为了确保安全生产，员工要切记遵章守纪。

## 遵守工作计划，按时完成不拖延

美国企业家赖福林说："你应当计划你的工作，在这方面所花的时间是值得的。如果没有计划，你肯定不会成为一个工作有效率的人。工作效率的中心问题是：你对工作计划得如何，而不是你工作干得如何努力。"凡取得卓越成绩的员工，办事的效率都非常高。这是因为他们能够利用有限的时间，高效率地完成重要的工作。

有些员工在工作中计划性不强，随遇而安。上班时来什么活就干什么，领导让干什么就干什么，没有计划性，换句话说，主动思考和工作的意识不强。很多人认为这样不能成为一个优秀的管理者或领导者，但至少算是一个优秀的执行者，其实不然。即使你只是一名普通员工，若工作方式不改变，总是无计划地行动，不主动去工作的话，总是像在赶着鸭子上架，工作起来就会很吃力。要想掌握工作的主动权，就必须制定一个切实可行的工作计划。

而且，计划要具体，不能空；计划要可行，至少通过努力是可以完成的，倘若差距太大则表示制定的计划存在问题。它要求我们在工作时讲求计划性、条理性，既要有长期计划又要有短期计划，学期的、每周的、每天的、甚至每个课时都要有计划。计划的制订要讲究实效，不能停留在书面上束之高阁或表现在口头上高谈阔论。在这个竞争激烈的年代，时间就是效率。今天该做的事拖到明天完成，现在该打的电话等到一两个小时以后才打，这个月该完成的报表拖到下个月，这个季度该达到的进度要

111

等到下一个季度。凡事都留待明天处理的态度就是拖延,这是一种"明日待明日"的工作习惯。如果你总是把问题留到明天去解决,那么明天就是你失败的日子。同样,如果你计划一切从明天开始,你也将失去成为成功者的机会。明天不过是你懒惰和恐惧的借口。今天的工作今天必须完成,因为明天还会有新的工作。今天的事情拖到明天,只会让自己更被动,感觉头绪更乱、任务更重。所以,在员工职业道德建设中,员工要学会遵守工作计划,按时完成不拖延。

拖延时间是一种恶劣的习惯,然而很少有人能够保证自己在工作中从不拖延时间. 也很少有人承认正是拖延的行为使自己渐渐产生了惰性。懒惰的员工没有进取心,不愿意去参与竞争,有机会就偷懒,他们是不会勤奋的。事实证明,这样做到头来受害的是他们自己。

在工作中,很多人是懒惰的,他们尽可能地逃避工作。他们大都没有雄心壮志和负责精神,宁可期望别人领导和调遣,也不肯自己努力奋斗,就算有一部分人有远大的目标,也缺乏实现的勇气。

拖延和懒惰是分不开的。拖延是因为人的惰性在作怪,每当要付出劳动或要作出抉择时,人们总会为自己找出一些借口,总想让自己轻松些、舒服些。有些人能在极短的时间内果断地战胜惰性,积极主动地面对挑战;有些人却陷于"激战"的泥潭,被惰性拉来拉去,不知所措,无法定夺……殊不知时间就这样一分一秒地浪费了。

迈克是伦敦一家公司的一名基层职员。他的外号叫"奔跑的鸭子"。因为他总像一只笨拙的鸭子一样在办公室飞来飞去,即使是职位比他低的人,都可以支使他去办事。后来,迈克被调入销售部。有一次,公司下达了一项任务:本年度必须完成500万美元的销售额。销售部经理认为这个目标是不可能实现的,私下里怨天尤人,认为老板对他太苛刻。

只有迈克一个人拼命地工作,到离年终还有一个月的时候,迈克已经完成了自己的销售额。但是其他人没有迈克做得好,

## 第五章
### 遵章守纪：遵守纪律是员工走向成熟的标志

只完成了目标的50%。

经理主动提出了辞职，迈克被任命为新的销售部经理。迈克在上任后忘我地工作，他的行为感染了其他人，到年底前的最后一天，他们竟然奇迹地完成了剩下的50%。

不久，公司被另一家公司收购。新公司的董事长第一天上班时，亲自任命迈克为这家公司的总经理。因为在双方商谈收购的过程中，这位董事长多次光临公司，迈克给他留下了深刻的印象。

"如果你能让自己跑起来，总有一天你会学会飞。"这是迈克传授给新下属的一句座右铭。

改掉懒惰和拖延的坏习惯，认真勤奋、充满激情地投入工作，你就会超越平庸、创造奇迹。而在工作中一味地懒惰和拖延，最后的受害者将是自己。懒惰和拖延是日常工作中非常严重的坏习惯。一个人对工作任务的拖延，一方面会影响整个团队的工作进度，影响整个团队最终的成绩；另一方面，因为每天都要面临新的任务、新的问题、新的挑战，一项任务的拖延，势必会影响到整个工作进程，就好像滚雪球一样，拖欠的工作堆积越多，到后来越被动越难完成，以至于影响到后续的很多工作。

懒惰和拖延只会导致一个人平庸，是否平庸的关键不在于工作的性质，而在于你从事这些工作的动机、兴趣和热情。用从内心深处散发的激情从事工作，就一定能够出色地工作。那么，有什么方法可以消除在工作中懒惰和拖延的坏习惯呢？要医治懒惰和拖延的坏习惯，唯一的方法就是当工作到来时，立刻动手去做。

朱迪亚是美国夏威夷一家制衣公司的员工，她所在的公司一直在生产着传统的夏威夷人喜欢穿的罩袍。这些罩袍只有一种尺码，花色呆板，并缺少变化，而且由于是成批生产，制作得极为粗糙，看上去千篇一律，一点也不适合人们在各种场合穿戴。

朱迪亚决定对罩袍进行改进，并且立即把这个想法付诸行动。她想先为自己缝制一件罩袍，并穿在身上，这样将来在公司对罩袍进行改进时就更有说服力了。于是，她买来了能体现个性特色的印花布，通过精心的裁剪，使罩袍不仅保持原来舒适的特点，又能够适合自己身材尺寸。此外，她还为罩袍精心设计了漂亮的花边。这种特殊的设计，马上引起了房东太太的兴趣，要求朱迪亚为自己照样缝制一件。穿上朱迪亚为她量身定制的传统罩袍，房东太太惊喜异常，她怎么也没有想到，这种司空见惯的传统服装，居然也可以做得如此适合于自己的身材。当朱迪亚把她想改进公司生产传统罩袍的想法告诉同事们时，几乎人人都惊讶地连连摇头："难道你不知道在夏威夷各大旅馆、服装店和旅游中心陈列着成千上万件罩袍？它们都是传统式样，没有人敢去改进它啊！"

然而，朱迪亚却不这么想，她决心要试一试。因为，她坚持这样一个准则：只要想做，就立即执行。朱迪亚把自己的想法告诉了公司老板，并立即得到了老板的支持。她便亲自去负责选购布料和为上门的顾客测量尺寸大小，然后将布料交给其他同事去裁剪和缝制。就这样，在这家生产传统罩袍的公司里，开始生产出了一件件漂亮又适合人们身材的新式罩袍，公司的生意开始红火起来。在朱迪亚的努力下，后来公司还把这种独特的服装推销到美国本土的其他许多城市。

而朱迪亚则凭着"只要想做，就立即去做"的行为准则，赢得了老板的青睐，从一个普通制衣工被提拔为公司的首席设计师。由此可见，立即去做对于每一个员工来说，是何等的重要！

"要做就立刻去做！"这是成功人士的格言。凡是将这句格言作为座右铭的青年都不会有悲惨的结局，凡是做事拖延的人必定会成为生活中的弱者。凡是有力量、工作主动的人，总能够在对一件事情感到新鲜并且自己充满热忱的时候,迎难而上。拖延并不能解决任何问题,相反,懒惰和拖延只会让问题越积越多。习惯拖延有碍于一个人的成功。成功属于谁?成功属于那些充满自信、充满热情、锲而不舍的追求者。他们永远全身心地投入、永远保持着高度的热忱,从不懒惰和拖延。因为他们深知,只有改掉懒惰和拖延的坏习惯,才能快速行动起来,并离成功越来越近。

## 5 不要迟到早退,有事有病要请假

遵守纪律是员工素质的表现。纪律可以规范我们的行为,维护正常的工作生活秩序,确保有效地工作。常言道:党有党纪,国有国法,公司有公司的制度。对于企业组织而言,纪律是最重要的事情,是其能否生存的基本前提,可以说没有纪律就没有品格,没有忠诚、没有敬业、没有创造力、没有效率和合作,就没有一切。对于我们来讲,是否遵守纪律反映了员工素质的高低,高素质的员工必然严格遵守纪律。有纪律的员工会把纪律变成一种习惯,做任何事情都会按照规则去进行,养成遵守纪律的好习惯。因此,不管上班或开会,请不要迟到、早退。

创造了联想神话的柳传志有许多传奇故事,其中有一则是他严于律己、迟到罚站的。联想集团建立了每周一次的办公例会制度,有一段时间,一些参会的领导由于多种原因经常迟到,大多数人因为等一两个人而浪费了宝贵的时间。柳传志决定,补充一条会议纪律,迟到者要在门口罚站5分钟,以示警告。纪律颁布后,迟到现象大有好转,被罚站的人很少。有一次,柳传志自己因特殊情况迟到了,柳传志走进会场后,大家都等着柳传志将如何解释和面对。柳传志先是一个劲地道歉解释原因,同时自觉地在大门口罚站5分钟。

罚站,在中国目前这种环境下,谁也不会把这种话信以为真。但柳传志却严格执行了,这变成了联想的一种风格,也是联想成功的基因源。联想的每年预算都能基本完成,因为各个部门的负责人都很清楚:在联想不太提倡定一个比较高的目标,定预算的时候要把最坏的情况考虑清楚。柳传志说:"这一点实际上是在部队里面学的。军队的执行能力,融化在了我的血液当中。当时我在科学院的时候,科学院的科研人员特别喜欢在完不成任务的时候,强调当时遇到的困难。军队不讲这个,军队只讲功劳,不讲苦劳。为了达到预定目标,要把最坏的情况想清楚,这样才可能达到总目标。"

迟到罚站,柳传志本人也不搞特殊化。身教重于言传,能够身教时,明智的领导者往往一句话都不必说,反而能达到良好效果。任何企业要成功,都必须要让所有员工都严守纪律,令行禁止。在工作中,一个人如果尊重自己的职业,就会自觉遵守纪律,也就会成为兢兢业业的人。一个有着强烈纪律意识的员工,他对于工作的理解也是深刻的,完成工作会更积极主动,更能保证效率。而那些不遵守纪律的人,总有一天会被淘汰。

每个单位都有自己的一套切实可行的管理制度,遵守制度是员工起码的职业道德。如果你刚进入一家单位,首先应该学习员工守则,熟悉组织文化,以便在制度规定的范围内行使自己的职责,发挥自己的职能。员工应当按照约定的时间准时上班,没有特殊的情况,就尽量不迟到、不早退、不请假,保持良好的出勤记录。有的人对此很不以为然,考勤嘛,早一分钟晚一分钟,有什么关系呢。其实,有这样想法的员工并没有认识到考勤制度对一个单位的重要性。想想看,单位规定的上班时间是早上8点30分,有人8点20分就到了,有人8点30分到,也有人8点40分才到。

## 第五章
**遵章守纪：遵守纪律是员工走向成熟的标志**

如果单位没有什么重大的事情，上班早晚是没有什么大碍的。但是在关键时刻，或许就会因为迟到了10分钟，而耽误了重要的工作，从而给单位带来恶劣的影响以及无可挽回的重大损失。

单位各种规章制度得以实施的保证，首先是体现在员工的遵守工作时间上。有些公司的考勤制度大致是这样规定的：上下班时，要刷(打)卡。若因故不能刷(打)卡，应及时填写请假单，并报本部门负责人批准后方可请假。职员请假由所在部门的经理签署意见，管理人员请假由上一级领导签署意见，获得批准并安排好工作后，才可离开工作岗位，同时请假单应交人力资源部门备案。当然了，企业的性质、规模等不尽相同，要求也就有所不同。比如，在工厂生产线上的工人就必须严格遵守作息时间，因为，生产线是固定流水式作业，必须在所有的员工都到齐的情况下，才能顺利运行。而从事营销业务的员工就不一定非要坐在公司办公室里，他可以根据业务状况随时上班。

在迟到和请假问题上，公司都是希望员工要有整体和大局观念。从表面上看，迟到和请假似乎总是情有可原的，但实际上，无论出于什么样的理由迟到和请假，这对你今后的发展都是弊大于利的。特别是刚进企业的新员工，为了使自己早日熟悉企业的业务，也为了不给其他人带来不必要的麻烦，应该尽可能地不请假。即使有重要的事情，也应该至少提前一天向公司请假。

总之，当今社会，各行各业，都有相应的职业规范，各个岗位也都有自己严格的操作流程。我们可以想象一下：国旗护卫队的战士能不能迟到？医生手术时能不能接打电话？我们要想成为能适应规范社会各行各业的人才，首先要加强自身的纪律意识。认真学习各种规章制度和要求，重新审视自身的工作状态。

## 拒绝借口,自觉顾大局守纪律

纪律属于道德的范畴。一个人如果不遵守纪律或无视纪律的约束,那就是没有道德。一个人的纪律性如何,能够直接反映出他们的思想道德水平。唯有思想道德高尚,对纪律的重要性具有深刻的理解,且具有执行纪律、维护纪律的高度自觉性、坚忍性和坚强的意志品质,才能经得住纪律的考验,甚至视纪律比自己的生命还珍贵。事实表明,具有高尚道德情操和高度文化素养的人,有着高度自觉的纪律性;而道德品质低下、没有文化素养的人,往往是一个不能自觉遵守纪律的人。

巴林银行是19世纪欧洲赫赫有名的银行,它是当时欧洲金钱的象征。而这样的百年银行却因为一个小小的新加坡支行的交易员里森的一笔交易而突然倒闭。究其倒闭原因,人们会发现巴林银行的组织结构存在很大的问题,简而言之,是因为里森的决策权过大,纪律太松。

里森之所以会有那么大的交易决策权,不仅仅因为监控不够。一开始,里森交易的权力非常有限,交易额超过百万级别必须要经过上级领导批准,百万以下可以自己处理。里森凭借着自己的聪明和运气取得了几次交易的成功,于是,领导将更大的权力授予了里森。他可以自己处理上千万的交易,接下来的成功又为其赢得了处理上亿英镑交易的权力。

## 第五章
### 遵章守纪：遵守纪律是员工走向成熟的标志

权力越来越大，纪律越来越松，不需请示上级就可自己做出决定，于是，当碰上股市的金融风暴时，最终给巴林银行带来了不可弥补的损失。因此，执行中用铁的纪律正风肃纪，十分关键。当然，纪律只是一种外在的约束，要落实好这些纪律，根本还在于员工筑牢思想防线，自觉顾大局、守纪律。

工作中，必须遵守纪律、服从命令，必须一切行动听指挥。这就意味着面对一项任务，没有任何借口，必须要严格执行，这就需要员工在完成任务的过程中严格按照公司的纪律行事，一步一步地做，不折不扣地做，而不是自行其是，另搞一套！凡是纪律，都具有必须服从的约束力。任何无视或违反纪律的行为，都要根据性质和情节受到程度不同的批评教育甚至处分，就是说，纪律是严肃的，它带有一定的强制性。同时，纪律又需自觉遵守。只有自觉，纪律才是铁的纪律。

一位白手起家的企业家说：我的企业中等规模，每年有一亿元的销售收入，纯利润达1000万元，就目前而言有很多机会，关键是这个机会能不能被我们抓住。我有一个特别头疼的问题，下面的人跟不上我的思路，尤其是分公司的经理们，总部制订的方案不能在分公司里有效地执行，他们总能从方案中挑出一堆问题，让他们自己提方案，他们又做不出，或者乱搞一通，没有任何专业性，造成整个公司的效率极低。从中可以看出这家企业的核心问题是分公司的经理们没有服从意识，领导也没有培养下属的服从意识，所以政策总是得不到准确地贯彻和实施。实际上企业不是分公司经理的，而是总公司的。既然总公司做出了决策，风险就应该由总公司的决策者来承担，而不是分公司。但分公司想扮演领导的角色，在执行过程中拒绝服从，这样就有点本末倒置了。

在员工职业道德建设中，有些员工经常会质疑老板和上司，不愿意服从,有些是"口服心不服",执行起来敷衍塞责,应付了事。其实,出现这些想法,并不是老板的问题,而是员工的态度出现了问题。一般来说,企业高层的主要责任是决策,企业中层的职责是执行,而基层人员的主要责任就是迅速地完成任务。如果企业成员缺乏服从的习惯,就会出现有令不行、阳奉阴违、各自为政的现象,导致执行力低下,错失市场机会,最终被竞争者淘汰出局。没有服从,任何绝佳的战略和设想都不可能被执行下去,任何一种先进的管理制度和理念都无法建立和推广下去,任何一个精明能干的领导都无法施展其宏略。因此,在命令面前,我们必须态度鲜明,决不能搞"上有政策、下有对策",敷衍了事;决不允许有令不从,自行其是。

经理让小陈去买书,小陈先到了第一家书店,书店工作人员说:"刚卖完。"之后去了第二家书店,营业人员说已经去进货了,要隔几天才有;小陈又去了第三家书店,可是这家书店根本没有。

快到中午了,小陈只好回公司,见到经理后,小陈说:"跑了三家书店,快累死了,都没有,过几天我再去看看!"经理看着满头大汗的小陈,欲言又止……

小陈的行为其实就是一种借口。很多时候,当遇到各种失败或者困难时,我们常常会抱怨一些外在的条件,甚至怀疑自己的能力,把困难看得比天还大,把希望和努力想的比针尖还小,那么就只剩下抱怨和找借口了,而找借口的唯一好处就是安慰自己,而恰恰就是这样的安慰导致了彻底的失败,它会让自己对现存的状况无动于衷,并且有一种心理暗示:是克服不了客观条件造成的困难。在这种心理的暗示引导下,不再去思考克服困难、完成任务的方法,哪怕是只需要一点点努力就可以成功。

成功属于那些拒绝借口、自觉顾大局守纪律的人。在生活和工作中,

# 第五章
### 遵章守纪：遵守纪律是员工走向成熟的标志

我们经常会听到这样或那样的借口。借口在我们的耳畔窃窃私语，告诉我们不能做某事或做不好某事的理由，它们好像是"理智的声音""合情合理的解释"，冠冕堂皇。上班迟到了，会有"路上堵车""手表停了""今天家里事太多"等等借口，业务拓展不开，工作无业绩，会有"制度不行""政策不好"或"我已经尽力了"等借口，事情做砸了有借口，任务没完成有借口。只要有心去找，借口无处不在。做不好一件事情，完不成一项任务，有成千上万个借口在那响应你、声援你、支持你，抱怨、推诿、迁怒、愤世嫉俗成了最好的解脱。借口就是一块敷衍别人、原谅自己的"挡箭牌"，就是一副掩饰弱点、推卸责任的"万能器"。有多少人把宝贵的时间和精力放在了如何寻找一个合适的借口上，而忘记了自己的职责。因此，在我们的实际工作中，遇到再大的困难和挫折，我们只有全力以赴，千方百计完成自己的工作。而不是找出再多再合理的借口，那只能说明你在工作中的不敬业，推责任，伪服从。

## 第六章　秉公办事:公私分明,始终以单位利益为重

　　公正廉洁,是一个人所必须具备的基本素质和最起码的道德品质,这也是工作赋予我们的职责和使命。一个人对待工作的态度问题,是一个关系到个人事业心、责任心的问题。当你不能存心尽公,当你对事、对人不能做到刚正不阿,在工作中就会逐渐丧失一些原则,一些心怀不轨之人便会乘机拉拢你、腐蚀你,久而久之,你的工作就会失职、渎职。

## 1 秉公办事，把单位利益摆在第一位

公道正派是一个人所必须具备的基本素质和最起码的道德品质，这也是工作赋予我们的职责和使命。工作中秉公办事，才能按照公平、公正的原则，把公利与私利统一起来。如果公私不分，就容易从个人的感情和利益出发，就很难做到公正、公平；就很可能会让私欲占领了公权，徇私舞弊，贪赃枉法。

北宋时期，博州有位州官，为人极其廉洁。一天晚上，有人从京城送来一封上司的来信。他猜想这一定是朝廷有什么重要指示，马上命令公差点上蜡烛阅读。谁知读了一半，他又命令公差把官家的蜡烛吹灭，把自己买来的蜡烛点上，继续往下看。公差很纳闷，难道官家买的蜡烛不及他自己出钱买的蜡烛亮吗？

后来才知道，那封信里有一小半是关于他留在京城家属的情况，他认为这是私事，不能点官家的蜡烛看。

不过是借用公家一点烛光看完半封家书，可就是这么点儿私人的事儿，这位州官也不愿意。在许多人看来，这位州官的行为可能还有些"迂腐"，别说是用官烛看半封信，就是看一封信、多封信，也不会有人去计较。因为用根蜡烛不过是件再小不过的事了，可就是这样一件小事，州官却看得很重。这个故事很小，但是其中却蕴含着大道理。这种时时刻刻做到

## 第六章
秉公办事：公私分明，始终以单位利益为重

公私分明的人，才能得到我们的敬重。

明代泰安郡一位州牧曾有这样一段话："吏不畏吾严，而畏吾廉；民不服吾能，而服吾公。公，则民不敢慢；廉，则吏不敢欺。公生明，廉生威。"短短36个字，入木三分地道出了廉洁奉公的力量。无论历史如何发展，无论社会怎样进步，公正廉洁永远是时代的呼唤，永远是人民的期盼。习近平总书记曾经指出，衡量党性强弱的根本尺子是"公私"二字。重公还是重私、为公还是为私，不仅决定着个人党性的强弱、作风的优劣，更是查找"四风"、整改作风的一个基本原则。我们知道，所谓"四风"问题，指的是形式主义、官僚主义、享乐主义和奢靡之风。仅仅"公""私"二字就能体现出这么多东西，可见这两个字对于人们的重要性。

张镇周，隋唐时舒州同安郡（今安徽省潜山县）人，他跟随李渊一起打天下，后来被授为舒州都督。

舒州是张镇周的家乡，回到自己的家乡当官，可谓是衣锦还乡，风光无限。但是，张镇周并没有那么兴奋，为什么呢？他是一个清官，回到家乡是一件好事，可以治理好饱经战乱的家乡故里，给那里的老百姓带去和平安宁，从而报答朝廷对他的信任，然而回到家乡当官，必将要面对乡亲邻里、叔伯堂宗、七大姑八大姨、发小、故旧，这些人中自然也不乏有通情达理、安分守己、严格自律的忠实纯良，但谁又能保证不会因张镇周的出现而萌生一些恃强凌弱、鱼肉乡民、为非作歹的青皮无赖呢？张镇周冥思苦想了好几天，终于想出了一个好办法。

张镇周回到舒州后，果不出所料，每天都有大批的人前来祝贺。他命人买酒置菜，连续10天大摆宴席招待亲朋好友。吃喝了数天后，张镇周将自己所有的金银绸缎都拿出来分赠给大家。亲朋好友一下子傻眼了，这个张大人唱的哪出戏呀？

这时，张镇周流着泪对大家说："今天我张镇周还能跟你们很高兴地喝酒，可从明天起就是治理舒州的都督，官府与百姓之间在礼节上是有阻隔的,不能再跟大家这样交往了,若亲朋故友犯法,我绝不徇私!"虽是短短几句言辞,入情入理,掷地有声。

张镇周上任后,严格遵守法令治理舒州,关心广大百姓疾苦而不偏袒亲族,不营私,不徇情。在他的治理下,战后的舒州社会秩序很快安定下来,农业生产也很快有了发展,百姓得以安居乐业。

后来,张镇周的这个故事被司马光记入了《资治通鉴》,后人还将这个故事列入传统蒙学丛书《龙文鞭影》之中,成为历代蒙童品德教育的典范,张镇周的清官形象也固定下来,成为教育后世士子的榜样。

古人云:"读书不学王安石,治郡当如张镇周。"张镇周之所以成为千载楷模,是因为他做人为官通透明亮,情理有别、公私分明。诚然,本地人当本地官,必将要面对很多扯不清叙不完的裙带关系,这是不争的事实,乡情、亲情、友情时时都会渗透在他的每一个时刻每一个空间里。因为这些关系而辜负了上级的信任,失去了做人的道德,岂不是要被人唾骂。他能做的最好办法便是未雨绸缪,发乎以情、施之以义,晓之以理、明之以法。为他的至亲好友、知己故交敲警钟、打招呼,为自己在家乡顺利施政铺了一个没有干扰、没有障碍、没有沟壑的通道。但是,张镇周绝不是那种一朝为官六亲不认的势利小人,他讲亲情、讲人情,他可以将朝廷赏赐他的财富毫不吝啬地赠送给亲朋好友,但他更看重法理、更重忠于职守,绝不允许亲情冲击法理,从而影响到他的吏治。他采取了先尽亲情后执国法的做法,将二者分得清清爽爽,这使一切想通过亲情友情拉关系走后门的人断了念头,也让钻空子、抓把柄的人无机可乘、无话可说。正是这种铁面无私、凛然正气,使犯罪分子不敢轻举妄动,境内大治。张镇周的做法很值得我们学习。我们在工作中一定要遵纪守法,顾全大局,正确处理单位与个人的利益关系,这样才会达到单位利益和个人回报双赢的结果。如果员工目光短浅,为了眼前的个人利益违法乱纪,那他最终肯定要

自食难以下咽的恶果。

## 2 不要让私事占用你的上班时间

在工作中，往往会有一些规章制度挂在墙上，或印成小册子。作为一名员工，应该时时事事遵守这些规章制度。公司制度是企业的秩序和规范，是确保企业有效健康运行的法则，如果法则遭到破坏，就会扰乱公司的正常秩序，企业的健康发展就会受到影响。员工严格遵守公司制度，有利于公司的正常运行。

格瑞是美国一家超级大公司的部门负责人，事业前景一片光明。但就在那个秋季的一天下午，他犯了一个无法挽回的错误——擅自离岗半小时，并因此影响了他一生的职业发展走向。

9月12号那天下午，格瑞实在经不住正如火如荼进行的欧洲杯足球赛的诱惑，处理完所有的事情后，他偷偷地离开办公室，找到一个有电视的房间，尽情地欣赏起自己喜爱的球队的精彩表演。

半小时后，他带着惬意的心情，匆匆赶回自己的办公室，似乎一切正常。蓦然，他被桌子上的一张纸条惊呆了，上面写道：格瑞先生，既然你那么喜欢足球，我看你还是回家尽情去欣赏好了。上面是他熟悉的签名——公司老板威廉·斯通。

原来，就在格瑞刚刚离开办公室10分钟时，平时不曾到下面各部门走动的老板，很随意地走进了他的办公室，并在他的办公桌前坐了10分钟,却一直未见他的影子。于是,老板勃然大怒,毅然辞掉了这位很有潜能的中层管理者。

中年失业的格瑞后来又辗转应聘了几家公司,但始终未能找到适合自己的位置,收入每况愈下,生活日渐潦倒。后来,竟长时间失业在家。格瑞只能借酒消愁,深深地懊悔当年的那次擅自离岗。

上班时间不做私事,这是公司对每一位员工最起码的要求。如果一个人在办公室里打私人电话、发私人传真或因私事上网,甚至织毛衣,接待私人来客等等,那么必然会给老板、上司留下一个极为不好的印象。一家企业薪资调查公司最近展开的调查显示,有六成员工承认曾在工作时偷懒,而34%的受访者最常做的就是上网。他们提出的理由是:太闷、工作时间太长、薪金太低或工作没有挑战性。虽然员工打打电话无可厚非,或者偶尔放松一下,也值得理解,但是如果工作时将大部分时间投入到一些无关紧要的私事中,那么难免会让老板觉得你不够敬业和职业了。另外,要知道公司是讲求效益的地方,如果你总是在工作中一心两用,必然会影响自己的工作效率,因此,如果你在工作中不能提供一个让老板满意的结果,那么不要说你不能得到重用,恐怕自己的工作职位也不能得到保证。

职场上风云万变,上班时间,不要安排处理私事时间,特殊情况须提前向领导请示。无论你的心情好与坏,千万千万要记住不能把情绪带到工作中,更别把私事带进来。纪律意味着公平,纪律是公平的保证。如果不讲纪律,让打小九九、私欲泛滥成灾的话,那么对按照规章制度操作、在规定时间内追求效率提高、追求发展的人来说,这就是一种恶意竞争,是一种伤害。对待工作,我们绝不能犯功利主义的错误,而是要立足长远,为长远目标而努力付出。

## 第六章

**秉公办事:公私分明,始终以单位利益为重**

2007年,全民炒股时代又一次到来,不过这次杀入股市的新生力量中有不少是职场中人。于是,上班时间,电脑的主页变成了证券之星,电话聊天主题离不开"买了吗""买什么"之类的询问。小李在一家网络公司上班,平时总是羡慕谁谁的收入高,谁谁的赚钱门道多,就盘算着自己怎样也能赚些外快。这一阵子,股市行情节节攀升,炒股风气高涨,小李的一位朋友就趁此机会大赚了一笔,还鼓动小李也投身股市。

于是,小李整日沉浸在股票的涨涨跌跌中,上班的时候也念念不忘,有时就忍不住偷偷上网查看一下股票行情。小李心里也很清楚:在上班时间干私活是违反公司制度的。但他心存侥幸,心想:只要不被老板发现,就没什么大不了的。他自以为警惕性很高,一见老板向他这边走来,就迅速地将电脑画面切换到要交待的任务上去。老板最近几天都没有出现在公司,小李以为老板一定是出差办事了,就更加放心大胆地忙活开了。谁知当他看得正起劲的时候,忽然瞥见老板在背后冷冷地看着他,小王的心里不由升起一种毛骨悚然的感觉。老板什么话也没说,转身离开了。等小王做完了手头的工作,老板便通知他去财务部那儿领了最后的薪水,并告诉他,以后可以不用再做"地下工作者"了。

如果你通常在工作期间处理私人事务,老板会感觉你不够忠诚。因为公司是讲求效益的地方,任何投入必须紧紧围绕着产出来进行。工作时处理私人事务,无疑是在浪费公司的资源和时间。一位老板曾经这样评价一位当着他的面打私人电话的员工:"我想,他经常这样做,否则他怎么连我也不防?也许他没有意识到这有悖于职业道德。"因此,要想在竞争中脱颖而出,就不要在工作时间做与工作无关的事。

在工作中,许多刚刚进入职场的年轻人身上有一个共同的特点,就是

## 恪守职业道德 提升职业素养

在有些时候不能很好地控制住自己,难以分清楚自己的私事与工作,而将一些私事和个人的爱好带到工作之中,完全按着自己的性子行事,这样不仅直接影响到工作效果,还会给在身边的同事心中留下一个不好的印象,给自我职业发展带来阻碍。工作的唯一目的就是尽力将工作做好,所以不要让自己的私事影响工作。

那么究竟是什么原因让年轻人有这种表现呢?有的人可能说这是因为年轻人没有任何的工作经验而引起的,他们一时之间还没有能够从单纯的学生角色转变成身在复杂职场环境中的职业人。这种说法听来是对的,但是这仅仅是一个表层的现象,而并非实质。实际上一部分初入职场的年轻人会有这样的表现,是他们没有公私分明的责任意识,并没有明确意识到办公室与私人空间存在着界限。其实,无论年轻人的这种公私不分的表现是有意的还是无意的,其结果都是一样的,那就是他们在公司的事情中夹杂上个人的事后,会陷入一种困境。可以这么说,不加控制地将私人的事情夹杂到工作环境中是促使我们职场失败的病毒。它可以毁掉我们在员工职业道德建设中的形象,毁掉我们的前途。

公私不分,工作时间处理私人事务,既影响你的工作质量,也直接影响你在老板心目中的形象。当然,在工作中,我们可能不可避免地要受到私事的影响,那么我们该如何做到工作和私事分开呢?下面几个方法可以借鉴:

(1)尽量缩短和减少在工作中处理私事的时间。比如,有朋友因急事找你,那么你应该摘要简短地将问题交代清楚,不要家长里短地说一大堆。

(2)尽量把私事安排在休息时间。每个人在工作期间难免会受到私事的影响,一旦遇到这种情况,那么就应该自行安排在休息时间处理。不过,需要注意的是,即便是在休息时间,也尽量不要让自己的私事影响到同事。

(3)不要把私人物品放在办公室里,除了雨具、备用的衣服、餐具、小镜子、梳子等必备品外,不要把其他的私人用品放在办公室里。不仅不应

该在公用的橱柜里放置私人用品,也尽量不要在办公室的抽屉放置过多的私人物品,否则,你很容易给人留下不好的印象,上司甚至可能觉得你并没有把办公室当作工作场所。

## 按规矩办事,不走"后门"

在员工职业道德建设中,按规矩办事是加强廉政建设和廉洁自律的重要环节。它要求在具体工作中,能认真落实企业和上级的各项制度要求,始终坚持以单位利益为重,凡事出于公心,坚持原则,按制度办事。在实际工作生活中,很多个人为了私事忘记自己所背负的责任,私事与公事分不清,私利与公德分不清,某些人的概念中甚至用私代替了公,这就直接导致工作和生活搅在了一起,制度为人情让了路。这显然是错误的行为。比如员工在工作过程中,与上下左右方方面面建立起工作关系,这是履行职务所必需的。良好的工作关系对于加强相互间的协调配合,减少摩擦和阻滞是有益的。但少数人把这种工作关系变成了为个人牟私的关系,在自己的配偶、子女及其配偶以及其他亲属经商办企业时,写条子、打招呼,施加影响,使其在市场竞争中处于特殊的优势地位就是违法违纪的行为。对于建立公开、公平、公正的社会主义市场经济竞争体制有百害而无一利,因此,必须按规矩办事,不走"后门"。

据说,"走后门"典故出自北宋年间。相传宋哲宗死后,宋徽宗继位,以蔡京为相。蔡京拼命打压元祐党人。所谓元祐党人是指宋哲宗元祐年间反对变法的旧党,以司马光为首,包括苏轼、苏辙、黄庭坚等人。蔡京拟出了一个120人的庞大名单，称作奸党，宋徽宗亲自书写姓名，刻于石上，竖于端礼门外，史称"元祐党人碑"。凡是元祐党人的子孙，一律不许留在京师，不许参加科考，而且碑上列名的人一律"永不录用"，而且一概不许出现和提到"元祐"的字眼。蔡京此举引起了人们的强烈不满。

有一次，宋徽宗和蔡京等大臣看戏，一个伶人扮做宰相，坐着宣扬朝政之美。一个僧人请求他签署准许游方的文件，宰相一看僧人的戒牒，是元祐三年颁发的，立刻收缴毁掉，还让僧人还俗。一个道士的度碟也丢了，宰相一问也是元祐年间颁发的度碟，立刻剥掉道士的道服，让他做平头百姓。一个士人是元祐五年获得荐举的，按照对元祐党人的政策，应该免掉荐举，负责管理官员的礼部不予录用，把他赶走了。过了一会儿，宰相家主管私家财库的官员附在宰相的耳边小声说："今国库发下的俸钱一千贯，皆为旧时钱文，如何处置？"宰相低头想了半天，悄悄对官员说："从后门搬进去。"旁边的伶人举起手中所持的棍棒，照着宰相的脊背就打，一边打一边骂道："你做到宰相，原来也只要钱！"

这便是"走后门"的由来。

今天，"走后门"者仍然络绎不绝，为什么千百年来"走后门"的不正之风得不到遏制，原因有两个：一是个别人把手中的权力当个"宝"，看到了"开后门"的无限"商机"，不能做到公正办事，忘记了自己的职责，开"后门"只为个人谋私利，让人"走后门"只为显个人威风，以达到自己物质与精神的双满足。这类人让一些本该顺理成章就办成的"分内事"，成为花钱、托关系才能办成的"难事"。另一个原因是前一个原因所导致的，由于有人开了"后门"，久而久之，一传十，十传百，人人都知道办事要"走后门"才能办成、办好，也就形成了遇事"走后门"的思维定势。同时，也助长了个别人"走后门"的虚荣和勇气，他们凡事不去努力，把所有的心思花在

"走后门"上,成了"走后门"一族。

由此可见,"开后门"者导致了"走后门"者的存在,"走后门"者助长了"开后门"者的繁荣。如此一来,如何能杜绝"后门"之风呢?试想一下,如果那些"开后门"者紧闭"后门",又怎么会有那些"破门"而入的人呢?关键原因还是在于"开后门"者。走后门屡禁不止,就是因为一些地方不严格执行法规,使走后门的"捞了也白捞",顶多对违规者只是批评、通报、"下不为例"了事。群众说:"批评无动于衷,通报吃棵大葱,再走后门还通。"对违规者究治不严,等于无法可循,形同纵容奸邪。对此,我们要遵守廉洁规定,加强外力制约,不做僭越法律之事。

在工作中,我们要堵住"后门",不徇私不枉情就得用公心执掌公权。近年来,配偶、子女及其配偶、其他亲属以及身边工作人员以领导干部的名义谋取私利是实践中时有发生的违法违纪问题。这其中既有领导干部本人确实不知情的,也有领导干部本人默许、纵容、授意的。对此,我们要坚决制止。开正门,关后门,按规办事,才能真正赢得群众的信赖和支持。

员工按规矩办事就是要抵得住歪风,不做老好人。我们处在一个熟人社会,一个人情社会,各种关系错综复杂,拉关系、打招呼现象层出不穷,压力来自方方面面。拥有权力者要洁身自好,要坚决杜绝"法无禁止即可为"的心理,坚持制度面前人人平等、没有特权、没有例外,一切按照制度来、按照程序走。对一些苗头性的问题要坚决制止,防微杜渐;对涉及违反规定的事项,要陈明利害关系,及时为领导决策提供参考;遇到把握不准的程序、看不准的问题要及时请示、汇报。

员工按规矩办事就是要经得住考验,做出新成效。诚然,按章办事不是照搬照抄,不是机械、呆板地执行。新形势下要求我们既要按照制度办事,又要改革创新。在执行制度的过程中遇到的新问题、新困难,要通过改革创新加以解决。当然这个创新是在制度允许下的创新,是在规范基础上的创新,目的是解决实际问题,推进工作开展。对困扰工作的难题,要大胆探索;对一些经过实践证明比较成熟的改革举措,要及时推广,提供经验和蓝本。

恪守职业道德 提升职业素养
Keshou zhiye daode tisheng zhiye suyang

总之，我们在工作中要做到按规矩办事，不走"后门"必须做到坚持原则。坚持原则就是坚持任人唯贤、德才兼备、以德为先的原则；坚持群众公认、注重实绩的原则；坚持公开、平等、竞争、择优的原则；坚持民主集中制的原则；坚持依法办事原则。这些原则贯穿于工作的各个方面和各个环节。只有坚持了原则，才能在根源上消除可能出现的腐败现象。

## 4

## 严格自律，谨防人情陷阱

自古以来，我国就是一个重人情的国度，无论生活关系还是政治关系，都为浓厚的人情所浸润，至今仍有着极高的心理文化认同。"投桃报李""滴恩泉报""在家靠父母，出门靠朋友""千里送鹅毛，礼轻情义重"等传统观念在人们头脑中根深蒂固。但是，人情也有其世俗、庸俗乃至功利、丑恶的一面，人们或多或少都受过人情的困扰，有时甚至被人情债压得喘不过气来。如果不能正确处理人情关系，甚至为人情所诱，把人情看得高于一切，把人情凌驾于人民利益和党纪国法之上，把收受贿赂当作人情往来，就会陷入腐败和犯罪的深渊。

2010年10月29日上午，河南省濮阳市中级法院刑一庭公开审理京广铁路客运专线河南有限公司原副董事长、总经理陈伯羽受贿案、郑州大学第五附属医院防治科原主治医师李惠受贿案。陈伯羽、李惠夫妻俩共同受贿，同堂受审。李惠痛哭流涕悔恨不已：我不缺吃、不缺穿，啥都不缺。我为啥要收他们的钱？是我把丈夫给毁了……

## 第六章
**秉公办事：公私分明，始终以单位利益为重**

这事情还得从他的朋友说起。陈伯羽有位朋友叫梁志刚（部队转业干部），二人相识于2001年。由于和李惠有同乡关系，梁经常找时任郑州铁路局总工程师、已是副厅级干部的陈伯羽办事。随着接触次数的增多，二人慢慢由普通朋友成了莫逆之交。

2005年，梁志刚成了个体户老板。为了搞到计划内的低价煤及外运火车皮，他一次次找到陈伯羽，在陈的帮助下如愿签到合同，并在实际运行中，得到陈伯羽周全细致的安排关照，轻而易举地挣了大把钞票。深谙"知恩图报"之道的梁志刚，决定重金回报陈伯羽。但是考虑到陈伯羽不会赤裸裸地接受自己的重金，梁志刚想了一个相对来说较为隐蔽的办法。2005年4月的一天，他来到陈伯羽家中，将一张价值40万元的国债存单送到李惠手中。陈伯羽不在家，李惠本想和丈夫说一声再作决断，但转念一想，国债存单又不是现金，况且又是好朋友送的，于是就收下了，这是她第一次收受巨额贿赂，心里免不了忐忑。等丈夫回家后，她就把事情如实告诉了他。"以前，老陈遇见这事儿，肯定会让我把钱退回去。但是这次他没有吭声。"事后回忆，李惠将原因归结为在上海购房和儿子在国外上学需要钱。

"那时，找我办事的人可多了，但我都不为所动，一律按规矩来。"身陷囹圄的陈伯羽很为自己当年的清廉自豪。面对记者的采访，他坦言自己是个讲义气的人，更是个重感情的人，尤其是对朋友，能帮就尽量帮。正因为如此，他的廉洁防线轻而易举地被友情打开缺口，一发而不可收。案发后，据陈伯羽交代，从2005年至2009年几年间，除收受梁志刚120余万元贿赂外，还收受石武客专施工单位贿赂500余万元。是什么让一个曾经如此清廉、不为私利所动的人转眼丧失了原则而沦为阶下囚的呢？那就是所谓的"朋友义气"，所谓的"友情"。"2007年，陈伯羽始任'高铁'总经理，有次，单位有位处长来家找他。我按以往习惯

135

将该处长挡在门外。但是，对方苦苦请求，不停地说让我进门吧。我看他头发都白了，平时也认识，心一软，就开了门。"进屋后，该处长放下一沓钱快速离去。李惠等丈夫回家，就把这事说了。陈伯羽大怒，让李惠将钱退回。当时，天已黑了，刮着风，但为了让丈夫息怒，李惠还是拿起钱走了出去，颇费周折地找到送钱人家中，将钱如数退回。案件侦查中，检察官还在一个笔记本中发现陈伯羽退回二十几位行贿人钱物的记录。然而，就是这样一位清廉的干部，却在所谓的友情之下，放松了警惕，放任了贪欲。

毛泽东同志早在中共七届二中全会上告诫共产党人要警惕资产阶级"糖衣炮弹"的进攻。这一著名论断，不仅仅适合于解放战争的年代，更加适合于改革开放的今天。当今社会充斥着各种各样诱惑，这些诱惑就像一个个"糖衣炮弹"，这对我们每个人来说都是一种考验。一些人为达到目的，会不择手段地拉拢腐蚀手中有权力的领导干部。特别是一些别有用心的人会打着"人情往来"的幌子，投其所好，行贿者堂而皇之，受贿者心安理得，这种行贿受贿方式具有更强的隐蔽性和迷惑性。这些"糖衣炮弹"，内涵丰富，并且具有一定的保护色，一部分领导干部逐渐失去警惕性，更有少数领导干部由于贪婪的意念作怪，利用这一方式敛财，走上违法犯罪的道路。可见，"糖衣炮弹"的杀伤力巨大。这一严峻的事实告诉我们，在工作中，一定要在各种诱惑面前做到眼不花嘴不馋，手不伸心不贪；一定要加强对"人之常情"的警惕，这是一个温柔陷阱，其中隐藏着不良企图。

生活在这样一个人情社会，每个员工可能都有一些人情要还，有句老话说："人情大如债。"有时为了还人情，人们宁可去借债。尤其需要注意的是手握一定职权的员工，因为在这些人情背后，有些人会不断纵容自己，做出以权谋私的事情，最终形成人情腐败。通常来说，人情腐败主要有四种表现形式，大家在工作中一定要多加警惕，避免被其中的任何一种

人情所迷惑。第一种人情腐败是基于血缘关系的亲情腐败,第二种是基于地缘关系的乡情腐败,第三种是基于业缘关系的友情腐败,第四种是基于两性关系的情欲腐败。

血缘关系是由家庭和家族形成的社会关系,主要包括夫妻关系、父母子女关系、兄弟姐妹关系。夫妻之间通常不存在血缘关系,却是血缘关系产生的基础,研究与血缘相关的亲情不能不包含夫妻关系。家庭成员及其有血缘关系的亲戚,彼此相亲相爱,合乎人之常情,也是天经地义无可厚非。但是,如果亲情超越了公德和法律,必然滋生出亲情腐败。现实生活中,有些企业员工只顾亲情不讲规则,千方百计为自己的亲人谋取好处提供方便,让他们获取更多的利益。

地缘关系是地域条件形成的社会关系。我们每一个人都曾经出生并生活在某一个地方,同一个地方生活过的人们,彼此都有一种认同,都有一种乡土之情。"老乡见老乡,两眼泪汪汪","三个公章,不如一个老乡"这些顺口溜都反映了人们心里浓厚的乡土情结。但是,我们要知道,一些人在攀老乡关系的时候,并不满足于叙谈乡情,而是巧借乡情谋取个人利益。如今,人们借老乡关系跑关系的事情不胜枚举,其中也难免不夹杂着人情或利益交往。乡情固然美好,我们不能因"人情"让乡情变了味。

业缘关系是人类社会化分工的产物。它是以人们的阅历为基础,衍生出各种各样的业缘关系,主要包括同学关系、同事关系、朋友关系、上下级关系等。业缘关系非常复杂而微妙,处理得好,彼此之间产生友好之情,处理不好,彼此之间产生对立情绪。良好的业缘关系,可以产生良性互动,有利于团结友爱,有利于促进工作,有利于事业发展;但是,如果这种关系过于利益化,友情就会被当作谋取私利的资源,进而损害企业的利益。

两性关系是一种重要人伦关系。饮食男女,是人的自然属性,但是人是有社会性的,人的社会性决定了人的性要求和性行为必须严格加以控制,人的两性关系也必须克服主观随意性,使之符合社会风俗和法律规范;因此,文明社会选择了婚姻。美满的婚姻可以实现两性关系和谐相处,有益于个人和家庭的生活幸福。但是也有员工(特别是企业的管理人员)迷恋美色,为达到目的不惜动用职权,不择手段地捞取钱财以取悦异性,做出违法乱纪的事。

在生活和工作中,我们要谨防以上几种类型的腐败,遇到这些"人情"关系,一定要保持清醒的头脑,仔细甄别,小心处理,千万不要让这种看起来很美的情感毁了自己的生活。

## 5 洁身自爱,坚决不搞特殊化

在员工的职业道德建设中,真正的反腐倡廉不是说给别人听的,也不是要求别人如何做,而是从我们自己做起,做到严格自律、洁身自好。在现实生活中,我们许多人办事首先想到的就是找关系、托熟人、走捷径,在他们看来,规则是拿来治别人的,不是拿来一视同仁的。正是由于这种活动的规则,导致了有权的人腐败,没权的人通过有权的人腐败,没法通过有权的人腐败的也想着如何去腐败,实在没法腐败的就反对腐败,在腐败中得利少、心理不平衡的也嚷着要反腐败,腐败的人当然不会承认自己腐败,所以也叫着反腐败。这就形成了"口头上反腐败,行动上都腐败"的奇观。其实,腐败是可以预防的,至少我们可以预防自己的腐败。因此,当我们在反思别人的过错时,更应该躬身力行,从自己做起,对自己的言行进行反思,防住自己的腐败,保住自己的清白。如果每个人都有了这种想法,何愁腐败防不住。

# 第六章

**秉公办事：公私分明，始终以单位利益为重**

徐特立是伟大的教育家，也是毛泽东的老师，新中国成立后曾任中共中央宣传部副部长等职。徐特立原名徐懋恂，又名立华。16岁那年，他乘船去南岳衡山时，看到同船的乡官小吏嫌船开得太慢，就对船夫拳打脚踢，心中甚是愤恨，于是就发誓今后若当船夫，就只运猪决不载人；将来若能取得功名，就只做教官，决不当欺压百姓的贪官。为此，他就改名"特立"，意为"特立独行，高洁自守，不随流俗，不入污泥"。自此，徐特立一生坚守自己的人生信条。

徐特立在当长沙师范校长时，因为穿着过于粗朴被周南女校的门房误认为是下人。他当校长，教员坐轿子，他步行；教员吃小灶，他和学生一样吃大灶；教员穿皮鞋，他穿草鞋；别人请客，他从不去参加。徐特立为了办学，艰难困苦勤俭节约的程度超出一般人的想象，为了紧缩开支，哪怕一张纸、一支笔都不随便使用。教师们丢弃的粉笔头，徐特立随时捡起来装在口袋里自己上课再用。由于他做出了表率，有时学校发不出工资，只供伙食，教师照样上好每一堂课。学校缺少必要的设备，老师、学生都主动从自己家里把什物搬到学校里来。

在延安自然科学院当院长时，教师们都是好几个人住一孔窑洞。按规定，徐特立可以单独住一孔，可是他一定要其他的老师和自己三个人住一孔，晚上几个人聚在一盏小油灯下办公。他说："大家住得比我更挤，为什么我要一个人住呢？"

住地到学校要翻几个山头，每到下雨，山陡路滑。徐特立就打着赤脚，拄着拐杖，爬上爬下，从不因为年高路滑而迟到一分钟。那时，他已经快70岁了，有这样一位做榜样的校长，教授们在教学上谁都不会掉以轻心，学生也没有吊儿郎当的现象发生。徐特立在笔记中写道："己欲立而立人，己欲达而达人。"他认为，作为校长，最重要的是迎难而上，率先垂范。

## 恪守职业道德 提升职业素养
Keshou zhiye daode  tisheng zhiye suyang

1947年，党中央转战陕北途中，70岁高龄的徐特立住在一户老乡家里。老乡见他穿着一套补丁灰军服，满头都是白发，便奇怪地问他："老同志，你这么大年纪了，怎么还当兵呀？"徐特立笑着说："革命不分老少，我还要再干20年哩！"每当有人把他看作普通的老兵，他心里就觉得非常自豪。

徐特立对干部外出带一大帮警卫员的作风十分反感。他说："高人一等是使人很难受的事。搞那么多警卫员，老乡见他就躲得远远的，想找人聊天都困难，这有什么好呢？"有一次，徐特立到一个新的地方，见为他准备好的窑洞门口站着守护的岗哨，立即不高兴地说："这真是此地无银三百两，反倒容易使人怀疑我是个什么大人物！"随后，他就叫秘书转告当地驻军的负责同志，把哨兵撤掉了。

徐特立年纪较大，行军途中，为了照顾家属，组织上准备了一辆汽车，但是他很少坐。有一天，听说徐老要乘这辆车，工作人员很高兴地给他腾出个空地方，用棉大衣做了垫子，有人还拿出个背包当靠背。徐特立上车后，战士们把他领到事先预备好的"软座"前，他怎么也不肯坐，一再让带小孩的女同志坐。经过大家再三恳求，他才坐下，但还是拉着别人和他挤坐在一起，怀里还抱着一个儿童。

1937年11月30日，毛泽东在徐特立60岁生日时，用"革命第一，工作第一，他人第一"评价，概括了徐特立光辉的一生。

不搞特殊化既是我们党的一贯要求，也是我们党的优良传统和作风。在工作上，员工只有严格执行政策规定，严格遵守办事程序，才能不徇私不舞弊，做到廉洁自律。只有对自己严格要求，不搞特殊化，坚持按制度办事，努力做到自身正、自身净和自身硬，这样才会当好榜样，做好表率，从而赢得人民群众的拥护和爱戴。

员工要遵守廉洁自律各项规定，坚决不搞特殊化，坚决不搞特权。特

权就是政治上经济上在法律和制度之外的权利。就是一些干部,不把自己看作是人民的公仆,而把自己看作是人民的主人,搞特权,搞特殊化。这种特权现象是我们党和国家存在的重要弊端之一。特权现象的存在不仅影响了我们党内以及整个社会的风气,也会使人民群众对我们党的公正廉洁丧失信心,阻碍社会主义和谐社会的建设,造成严重的后果,因此特权现象亟待整治。比如有少数员工抱着"有权不用,过期作废"的思想,一朝权在手,便把令来行,不是把权力用来为人民服务,而是把权力当成为个人图谋私利、搞特殊化的工具。自认为手中有权,地位显赫,就应该高人一等,得到特殊照顾,嘴上要求别人遵纪守法,不能搞特殊化,私下里却为自己搞特殊化大开方便之门。对此,我们要保持高度的警惕。我们必须时刻牢记:"搞一次特殊,就降低一分威信;破一次规矩,就留下一个污点;谋一次私利,就失去一片人心。"

## 6

## 不义之财不取,不正之风不沾

古人云:"天下之福,莫大于无欲;天下之祸,莫大于不知足。"意思是说,天下最大的福气是没有贪欲,最大的灾祸是贪心不足。很多人因贪吃大亏,很多人因贪伸出罪恶的双手行贿受贿。所以,戒贪成了员工职业道德建设的首要工作。人在社会上生活,千万不要有非分之想,千万不要做非分之事,千万不要拿非分之得。从他人身上得到的非分恩惠,总有一天要还给他人。从社会得到的非分财富,总有一天要还给社会。因此,在工作中我们要规范自己的行为,廉洁自律,主动消灭自身的贪婪欲望,做到拒腐蚀、永不沾。

## 恪守职业道德 提升职业素养
Keshou zhiye daode tisheng zhiye suyang

战国时期，田稷在齐国为相。3年后，退休还家，把百镒黄金献给母亲，以尽孝心。母亲看到这些黄金，怒气冲冲地质问道："这么多的金子是怎么弄到的？"田稷毫不介意地说："您老人家多心了，这是我当官几年积攒下来的俸禄，不是不义之财。""不对！你为相3年，怎么可能积攒下这么多的俸禄？可见你居官不能清廉自守，真叫我失望，你这样做，对国家不是忠臣，对我不是孝子。赶紧回去，把你非法所得的财物上交给朝廷！"

田稷听了母亲的训斥，十分愧悔，向母亲承认了收受贿赂的错误，先将那些金子退还给属吏，又主动到朝廷请罪。齐王很钦佩田母的高尚情操，不但当场宣布对田稷免予处罚，还重新任命田稷为相，并且派人给田母送去许多黄金以资奖励。

田母教子清白做人，不贪不义之财，是值得今天每一个人学习的。在工作中，不义之财，千万不要去贪。财富对每个人来讲，是很重要，但要靠自己努力去挣，才是正途。古人云："宁可正而不足，不可邪而有余。"它的意思是，宁可坚持正直致使自己利益得不到满足，也不可使用邪恶手段，使自己得到很多利益。这便需要向世间充入廉洁的空气，反对不正之风。在工作中，不正之风的表现形式主要有三种：一是利用职权或工作之便，为本单位、小团体或个人谋取私利。从单位来讲，突出表现为乱收费、乱罚款；从个人来讲，突出表现为吃、拿、卡、要。二是不依法办事，执法不严、执法不公，突出表现为不给好处不办事、给了好处乱办事。三是服务态度、服务质量、工作效率、工作作风问题，突出表现为门难进、脸难看、话难听、事难办等。不正之风侵害的客体是公民、法人、社会团体等的合法权益和正当权益；不正之风是带有普遍性、严重性的不良风气，是成了风的消极腐败现象。不正之风的实质是滥用职权，以权、以职、以业谋私，它与党的宗旨和代表最广大人民根本利益的要求背道而驰，与职业道德大相径庭，更是对共产党员的亵渎，具有很强的社会危害性。

## 第六章

**秉公办事：公私分明，始终以单位利益为重**

乐喜，字子罕，春秋时期宋国人，出身贵族，公元前564年开始执掌国政。有一次，宋国有个人得到一块精美的玉石，想献给子罕，子罕拒不接受。献玉的人以为子罕怀疑玉石是假的，便说："这块美玉我请玉匠鉴定过，他说是块宝玉，所以才敢拿来献给你。"

子罕回答说："你以玉为宝，我以不贪为宝。如果我收了玉石，你失掉了宝，我也失去了宝。所以，我们还是各存其宝为好。"子罕"以不贪为宝"的美德，成为历史上的佳话，为历代所褒扬。

还有一次，楚国想攻打宋国，先派了一个使节到宋国试探情况。子罕在自己的府邸接待了楚国的使节，楚国的使节见他家的南墙弯弯曲曲，从西边邻居家淌出的水竟从他家门前流过，觉得不可理解，便向子罕询问。子罕解释说："南墙一家是工人，从事皮革生产已经有三代了，如果逼走他们，让他家迁徙，一来宋国人买鞋不方便，二来这户工人也将没有着落了。西边邻居的地势高，他的房子地基偏低，如果禁止水向东流，从情理上说不过去。"

子罕的一番话让楚国使节大为叹服，回到楚国后，使节立即向楚王谏言："不可攻打宋国。宋国国君贤明，又有很得人心的仁相子罕辅佐，攻打宋国会无功而返。"大圣人孔子在听到这件事后说："在朝廷上修养自己的品德，却能击败千里之外的敌人，大概说的就是子罕这样的人吧。"

公元前544年，郑国的上卿子展死了，他的儿子子皮继位，当时郑国发生了饥荒，麦子尚未成熟，老百姓都没有粮食吃了。子皮就以他父亲的名义，下令开仓放粮，每户可到官府仓库中领取粮食，因此子皮大得民心，子皮的家族得以执掌国政，世代为上卿。子罕听了这个消息后，颇为感动地说："执掌国政的人多做好事，这正是百姓们的期望呀！"这时，宋国也发生了饥荒，于是子罕请示当时的执政者宋平公，将公库中的粮食借给百姓，等地里的粮食收获后再还，同时让大夫们也开仓借粮食给百姓，渡过难关。子罕家也开仓借粮，但不写自家的字号，意思是不让老百姓偿还。子罕的这一做法，及时地接济了国内的老百姓，当年没有因缺粮而饿死人。晋国公叔向听说这件事以后说："郑国的子皮家族，宋国的子罕家族，都是福长寿长的人啊！他们二人都得到国人的拥护而执掌国政，民心所向，众望所归，给人好处而不求别人感恩的人，子罕在这方面尤为突出，他将随着宋国的命运而升降盛衰吗？"

　　由于子罕的仁德、廉明，宋国虽是小国，而且南有楚国，北面有晋国，东面有齐国这三个大国，可在子罕任职期间，没有一个国家会对宋国轻易发动战争，主要是因为子罕的功劳。

　　子罕，一个春秋时期的官吏，深深知道"廉"与"贪"的利害关系，能自觉地"以不贪为宝"，面对他人行贿时，既没有声色俱厉地呵斥，也没有居高临下地说教，更没有义正辞严地谴责，在看似平常的几句话中，我们听出了其中蕴含的千钧分量，看出了子罕清明廉洁的人格魅力。

　　贪是魔鬼，会啃食你清廉的灵魂。"人之初，性本善"，每个人的心里都有一块净土，从来未被尘世所污染，可是当它闯进你的心灵，那块净土便被糟蹋得面目全非。你可能试过抵抗，可是它的诱惑太大，让你最终缴械投降。在这之后，这个魔鬼住进了你的心，并且控制了你全部的思想。贪是漩涡，会把你卷进无尽的深渊。因为贪恋它的"美丽"，你离他越来越近，越来越近，直到它把你卷入进去。它给了你很多前所未有的满足，把你举得高高的让你习惯俯视，可是你却不曾察觉，你越来越接近漩涡中心，就要沉入海底。贪如水，不遏则滔天；欲如火，不止则燎原。在这样一个物欲横流的社会里，我们切不可为了一时的享受，而迷失方向，失去了人生最为宝贵的东西。

## 第六章
### 秉公办事：公私分明，始终以单位利益为重

不管你在这个社会中处于一个什么样的位置，切不可忘记做一个廉洁的人，做一个严于律己的人，尤其是我们的物质生活丰富以后，尤其是在这个提倡廉洁的时代。工作之中，某些手中偶尔会掌握着一定的权力，特别是一些处于管理层的人员，能办到他人难以办到的事，自然而然也成了他人行贿讨好的对象。大多数人面对送礼行贿者能够严词拒绝，自觉遵守法律法规。然而，当某些亲戚、朋友以亲情、友情的名义行贿时，一些人"盛情难却"，还有一些人不懂得拒绝，稀里糊涂地就被他人拉下了"水"，不明就里地成了腐败分子。面对这种情况，我们要始终保持一颗廉洁之心，干净做事，清白做人，不义之财不取，不正之风不沾。

## 第七章 勤俭节约：严禁浪费,保持良好的节俭习惯

　　勤俭节约是一种道德理念,一种价值观。节约就意味着用最低的成本去获取最大的效益。我们应该把节约当成一种美德、一种责任,一种提高素养的过程。节约从小事体现,节约从现在开始,节约就在我们身边。深刻地理解它,用心感受它,努力实践它,我们不仅可以在勤俭中走向富裕,而且还可以在勤俭中使人格日臻完善。

## 勤俭节约光荣，铺张浪费可耻

勤俭节约是中华民族的传统美德，中国人历来以勤劳勇敢、不畏艰苦著称，历来讲求勤俭持家，勤俭办一切事情。它是中华民族的优良传统。事实上，小到一个人、一个家庭，大到一个国家，要生存和发展，都离不开勤俭节约。勤俭节约，不仅仅是发家富国、幸福长远的法门，更是廉洁自律、远离贪污腐败的重要推力。企业是一个大家庭，企业的发展离不开员工的勤俭与廉洁。勤是爱岗敬业的表现，俭是杜绝大手大脚、铺张浪费的现象。

勤俭节约是一个永远都不过时的话题。员工职业道德建设中，有的企业员工把勤俭看成是小气。其实，勤俭不是小气，而是一种"世界通用"的美德。它也是通向成功的阶梯和动力，是我们每个人都应具备的美好品质。在员工职业道德建设中，员工要发扬勤俭节约、艰苦朴素的传统美德，以艰苦奋斗为荣，以骄奢淫逸为耻。不攀比、不奢侈、学会满足、珍惜来之不易的工作、家庭和幸福生活。

东汉明帝马皇后，是伏波将军马援的小女儿。她10岁即开始理家，13岁入太子宫，行止合矩，德冠后宫，被立为皇后。虽贵为皇后，她仍身穿粗丝衣服，饮食不求香甜，左右随从之人只穿普通帛布，不使用熏香饰物，目的就是要做表率，树立节俭之风。有一次，众多嫔妃来拜见马皇后，看到她一副农妇打扮，不

## 第七章
**勤俭节约：严禁浪费，保持良好的节俭习惯**

禁大笑起来，马皇后却说："这也是百姓纺织出来的，看起来是有些老土，可没什么不妥呀！"从这里能看出马皇后节俭朴素的风范。

隋文帝的妻子独孤皇后也非常俭朴节约，隋文帝配制止泻药，须用胡椒粉一两，这种东西平时宫中不用，多方搜求，最后还是没有得到。隋文帝曾经想赏赐柱国刘嵩的妻子一件织成的衣服，但宫中也没有。

从上面小故事中，可以看出古代帝王和他们的家人修身的态度和节俭的风范。所以南北朝时齐高帝萧道成自继位后，便以节俭表率天下，他说："我希望在我的领导下，市场上的黄金和泥土的价值一样。"到齐武帝萧赜时，全国百姓生活富裕，国家太平，找不出一个盗贼，这是以节俭治国的结果。几乎每一位成功人士，都自觉地把节俭作为自己的生活与事业的原则。穷当克俭，是美德；富而思俭，是更高层次的美德。

"俭节则昌，淫佚则亡。"以俭兴国，这是中华民族的古训，这不仅是一种态度，更是一份责任。勤俭这两个字看似寻常，却不能等闲视之。它们是廉洁自律最不可缺少的美德，是培养廉洁习惯的保障。历史告诉我们，勤俭常常同成功联系在一起，奢侈则常常与衰败结伴同行。勤俭节约是兴家立业之根，兴国图强之本。过去，我们党靠勤俭节约、艰苦奋斗不断发展壮大、成就伟业，现在还要靠这种精神走向富强，肩负起实现中华民族伟大复兴的历史重任。

在 2011 年 8 月左右，侵吞公款 7.8 万余元大肆挥霍的开化县原县长助理胡某，被衢州市中级法院一审以贪污、受贿两罪，判处有期徒刑 6 年，并处没收财产人民币两万元。

胡某作为官员干部，就是铺张浪费的典型。他把公家的钱柜当作自家钱包，花着公款买奢侈品，享受高档消费。55 岁的胡某，事发前，除担任县长助理外，还兼任开化县政府直属事业单位——古田山国家级自然保护区管理局局长。他自从当了局长后,便开始"以单位为家"。不过,他可不是什么敬业劳模,而是把单位当成了自家的取款机。习惯用公款奢侈浪费的胡某自然很难刹得住车:为妻子购买的名牌香水、给儿子买的耐克运动鞋、家里的麻将桌、乒乓球桌、自家办的酒宴、添置的汽车装饰等,乃至自己赌博的赌资,花的都是公家的钱。检察机关查证,几年间,胡某用公款报销的赌资就有28300元。

成由勤俭败由奢。无数事实证明,侈则多欲,多欲则贪慕富贵,在追求奢侈享乐的道路上就会通过不正当的手段获取利益,也就不可能保持廉洁,只会在贪污腐败的深渊中越陷越深,其结果是快乐一时,悔恨终生。因此,在员工职业道德建设中培养勤俭作风,能使人抵御物质享受的诱惑,不做物欲的奴隶。许多失节落马的官员,一开始就是从贪图享受开始,追求奢侈的生活,处处和大款、老板攀比,吃则山珍海味,穿则世界名牌,住则别墅豪宅,而当正常工资收入不足以维持其奢华的生活水平后,贪污受贿、中饱私囊、疯狂聚敛,就成了顺理成章的事情。像成克杰、胡长清、郑筱萸等腐败分子,就是从奢侈开始堕落,最后走上不归路,教训十分深刻。

中国有句俗语"吃不穷,穿不穷,挥霍浪费一世穷"。可见勤俭节约并不是要求人们节衣缩食,不吃不喝,而是不要浪费。近年来,铺张浪费、奢靡腐化现象虽然发生在个别干部身上,但影响恶劣,不但败坏了党风、政风,损害了党和政府的形象,还在不同程度上带坏了社会风气。因此,我们要大力响应中央"八项规定"精神,勤俭节约,净化社会风气!

## 第七章
勤俭节约：严禁浪费，保持良好的节俭习惯

## 发扬艰苦奋斗精神，远离挥霍浪费

艰苦奋斗是我们党的优良传统和政治本色，是我们党的传家宝，是我们战胜敌人，克服前进道路上一切艰难困苦的有力武器；也是党的创造力、战斗力和凝聚力的重要体现。艰苦奋斗其字面意思为"不畏艰难困苦，进行坚持不懈、英勇顽强的斗争"。艰苦奋斗精神的科学内涵就是指"为实现伟大的或既定的目标而勇于克服艰难困苦，顽强奋斗、百折不挠、自强不息、贫贱不移、富贵不淫的精神和行动"。

随着社会的快速发展，我们的生活越来越好。有些人认为以现在的条件，不必再讲勤俭节约。然而，厉行勤俭节约，永远都不过时。我们已经从"新三年，旧三年，缝缝补补又三年"过渡到了一个新的阶段：低碳、环保、乐活……这些时尚的词汇都是勤俭节约的代名词。它不但没有过时，反而变得更加时尚、更加深入人心。如果把"勤俭节约"写在纸上、挂在墙上，它仅仅是一种要求；如果使勤俭节约意识深入到每个人的内心、体现在每个人的行动上，就会成为一种氛围、一种风气。

五代时吴越国王钱镠，原本是杭州临安的盐贩，出身低微。在群雄竞起、攻伐不已的复杂局面下，他逐渐发展自己的势力，占据了两浙，建立了吴越国，并能够存在很久，这和他立身严谨是大有关系的。在这方面，他留下了不少的故事。

钱镠从小当兵，夜晚很少睡觉，太疲倦时就枕一个圆木头，或者枕一个大铜铃，稍微沉睡，圆木或铜铃一转动，他便惊醒了，因此称作"警枕"。他还在卧室里放一个粉盘，半夜三更，想起什么事，就写在粉盘上面，直到老年都乐此不疲。每晚他都分派侍

151

女更次值勤,规定只要外面有事报告,便马上敲铃。他听到铃声就应声而起,有事情立刻处理,不等到天亮。他还怕守卫者当班时睡着,常常把铜丸弹到楼墙之外,用以提醒巡夜值更的人。时人称他为浙中"不睡龙"。由于钱镠对部署要求十分严格,值更的人都非常小心,不敢疏忽大意。一次,钱镠穿着平民衣服出行,回来时天已入夜,想从北门进城,守门官不肯开门。他说了很多好话,还是没能奏效。守门官说:"不管是谁,即使大王亲自驾到,我也不开。"钱镠只得从别的门进来。第二天,他召见北门守门官,对守门官的恪尽职守深表嘉许,并赐予优厚的财物。

　　钱镠虽据江浙富庶地区,又身为国君,但生活却十分节俭。他的住处用具都十分俭朴,衣服被褥全都用细布制成,平时用膳,餐具也很简单。旧寝帐坏了,其妻想用青绢帐换下,他执意不肯,说:"作法于俭,犹恐其奢。我只担心后代都追求享受而用锦绣。这顶帐子虽然旧了,还可以蔽风。"有一次,除夕守岁,子孙都会集在一起,大家非常高兴,便命乐工奏乐助兴。但没奏两支曲子,钱镠马上便让停下了,说:"不知道的人还以为我是在作长夜之欢。上行下效,不可不知。"

　　艰苦奋斗、勤俭节约是中华民族的传统美德,也是我们党的优良传统和作风。党的十八大报告指出:"我们必须清醒地认识到,我国仍处于并将长期处于社会主义初级阶段的基本国情没有变,人民日益增长的物质文化需要同落后的社会生产力之间的这一社会主要矛盾没有变,我国是世界最大发展中国家的国际地位没有变。在任何情况下都要牢牢把握社会主义初级阶段这个最大国情,推进任何方面的改革发展都要牢牢立足于社会主义初级阶段这个最大实际。"这就告诉我们,坚持和发扬艰苦奋斗、勤俭节约的优良传统和作风仍然是我们现在必须弘扬的时代精神。

　　不论是国家还是个人,只有崇尚艰苦朴素,厉行勤俭节约,才能有效净化风气,培育健康向上的文明风尚;只有抑止奢侈享乐,反对铺张浪费,

## 第七章
**勤俭节约：严禁浪费，保持良好的节俭习惯**

才能改进工作作风，始终保持艰苦奋斗、昂扬向上的精神状态。历览古今多少事，成由勤俭败由奢。勤俭常常同成功联系在一起，奢侈则常常与衰败结伴同行。几乎每一位成功人士，都自觉地把节俭作为自己的生活与事业的原则。

铺张浪费绝非小事，不仅因为它脱离我国基本国情、背离优良传统文化，还在于它败坏党风、政风和社会风气。在工作中，铺张浪费就是犯罪。正如古人所说："奢靡之始，危亡之渐。"铺张浪费是大贪，也是大恶，任何人都不能掉以轻心！国家主席习近平曾就关于"厉行勤俭节约、反对铺张浪费"作出过重要批示，表明了我们党狠刹不良歪风、倡导文明新风的鲜明态度和坚定决心。

据科学家的统计资料显示，人类因为浪费所带来的损失比所有的自然灾害带来的损失都要大。一个不能够有效降低浪费的社会必将承受巨大的损失，这是任何一个有良知的人都不愿意看到也不愿意背负的"沉重枷锁"。因此，厉行节俭，反对铺张浪费，是每个人的责任。节俭是对家庭幸福的盘算，是对社会责任和义务的担当，更是对自己和子孙负责的身体力行。有没有节俭意识，反映出了一个人品格和精神境界的高下。所以，节俭不是省钱那么简单的事，节俭往小里说，事关一个人的道德修养；往大里说，事关党风政风的端正、现代化事业的成败。因而，我们在员工职业道德建设中积极响应习近平总书记关于"大力弘扬中华民族勤俭节约的优秀传统"的号召，量入为出，开源节流，节俭办事，应是每个人义不容辞的责任。

在工作中，杜绝浪费。倡导节俭意识，重要的是从我做起。当然，今天我们强调增强节俭意识，不是要人们去过"清教徒式""苦行僧式"的生活，也不是要否定合理的物质利益，而是既反对奢侈浪费、大手大脚，又注重其精神层面的价值，大力发扬艰苦奋斗的精神，始终保持昂扬向上、奋发进取的精神状态。我们每一位员工都应该从自身做起，精打细算地过日子，科学节约地谋发展，将自身的勤俭品行作为企业发展的内在动力，自觉养成小至节约一滴水、一度电、一张纸的习惯，大至企业设备的保养与维护,争取让有限的资源和资金为企业各项工作的顺利开展发挥最大的效益。

## 3

## 精打细算,为单位节省每分钱

效益是企业永恒的主题,关乎效益的最直接因素就是成本。成本是指生产和销售一种产品所需的全部费用。企业生产和销售某种产品,即有单位产品的成本,也有生产所需的总成本。从这一角度出发,如何降低产品的单位成本,进而降低企业的总成本,增加企业利润,就成为企业管理者要考虑的问题。一个企业对成本的控制能力直接形成企业的核心竞争力。谁拥有了成本优势,谁才能够在激烈的市场竞争中获胜,才能获得最大利益。因而,我们员工要树立"斤斤计较"的成本理念,要精打细算,勤俭节约。

在"IT巨人"思科公司,员工们普遍养成了节俭的习惯,他们想方设法为企业节约。思科的员工会将没喝完的矿泉水装入背包以防止浪费;思科所有员工出差,一律坐经济舱。为什么思科的员工都能够自觉地进行节俭呢?通过节俭使企业和员工都获得更大的利益是他们节俭行为的动力所在。

2004年,思科通过各种手段节省的开支高达19.4亿美元,思科3万多名员工,个个都有公司股份,公司"抠"出来效益,使每个人都得到了益处。思科公司实行的是全员期权方案,员工的待遇是工资加股权,40%的股权在普通员工手中,一名思科普

## 第七章
**勤俭节约：严禁浪费，保持良好的节俭习惯**

通员工只要干满 12 个月，在股权上的平均收益是 3 万美元。

此外，公司还把节省剩下来的资金用于员工的培训，使员工的工作能力得到提高。节俭给思科的员工带来了切实的好处，思科公司员工的工资高于业界的平均水平。

如果每一名员工都能够自觉地进行节俭，为企业创造价值和效益，使企业的效益更好，企业就更有能力给予员工相应的回报和奖励，使员工也能够得到更大的利益。员工应该明白，公司的事就是自己的事，为公司节俭，其实就是在为自己谋福利。"大河有水小河满，大河无水小河干"，只有公司有了，自己才会有；如果公司亏损，公司不发展不壮大，个人利益又从何谈起？詹姆士·伯克曾经说过："没有公司的赢，就没有员工自我价值的实现；没有公司的赢，也就没有员工的发展。但是，如果没有双赢，也就没有企业的长盛不衰。员工的成长是企业发展的动力，公司发展是员工成长的根基，只有共同成长才能够实现双赢。"没有了企业作为依托，员工就成了无本之木，无源之水，无以为继，难有作为；而同样没有了员工，企业也就成了枯枝的朽木。企业给予员工展现自己实力的舞台，员工的良好表现也会使这个舞台更加夯实、更加广阔。因此，我们应当牢记"先有大家，然后才会有小家"的道理。

"现在还不是出煤炭的时候，你把皮带开起，一个小时要浪费多少度电？你仔细算过没有，这个皮带电机旋转一个小时，就相当于一个家庭一个月的用电量，细算起来可不得了呀！"

这是 3 月 24 日，重庆能源集团松藻煤矿采煤 503 队皮带司机小郑见工作面在搞维修，没有割煤。他便趁此机会搞一搞文明生产，毫无顾忌地把皮带开起来清理皮带周围的浮煤。班长李明看见皮带空转后，连忙赶到机头停止了皮带。于是出现了文章开头的一幕。

"工作面没有割煤你却把空皮带开起耍。白白地浪费多可惜呀。"李班长跟小郑算起细账来。"该检查的都检查，皮带周围有这么多浮煤需要清理，难道我搞文明生产错了。"小郑开始有些不服气。

李班长跟小郑说："你先把浮煤撮到皮带上，再开皮带，既符合操作规程又节约了电费。节能减排，需要企业中的每一名员工从一滴水、一滴油、一度电、一颗螺丝的点滴节约着手，现在全矿积极响应"两会"精神，把材料与吨煤单价进行了细化，然后分配到了班组，当班出了多少吨煤、耗了多少电都是有记录的。安装在井下变电所的电度表，对采煤工作面用电量进行了计量统计，每出一吨煤要消耗多少电，都是经过成本核算的，要是吨煤电量用多了，自己还要掏腰包贴在里面去，多不划算，该节约还得要节约。你看，这台40千瓦的皮带电机，一个小时就要消耗40度电，一条运输线，五台皮带空转一个小时，一个月要白白浪费多少度电，一年又要浪费多少度电，细算起来可不得了啊。"

小郑听了李明班长算的细账后，惭愧地低下了头，当即保证以后不再开空皮带撮煤炭了。

　　企业要获得更多的效益，有效地控制成本，减少成本支出是一条很好的途径。节约是企业和员工的双赢选择。企业需要节约无外乎两个原因，其一就是大的经济趋势，众所周知，随着经济全球化的进程日益加快，市场竞争也越来越激烈。众多竞争对手挤在一个狭小的市场空间里，分食一块奶酪，导致整体利润和单品利润都在不断下降——我们已步入"微利时代"。很多企业因为经营不善，不懂得节约而破产倒闭。要想在微利时代度过经济危机，赢得生存和发展，节约是关键。降低生产运营成本，减少不必要的浪费都可以减少产品自身的成本，这就使得自身在同类产品的竞争中占据优势。对此，员工应当有节约意识，明白省下的就是赚到的，真正为企业着想，从自己做起。

　　节约一分钱就等于多挣一分钱，任何一个人或者一家企业，都要具

## 第七章
**勤俭节约：严禁浪费，保持良好的节俭习惯**

有节约意识，并身体力行地从细节做起。在企业进入微利时代的今天，只有节俭才能为企业卸下沉重的包袱，才能面对各种竞争。很多跨国大型企业都提倡：节约每一分钱，每一张纸，每一度电，每一滴水，每一滴油，每一块煤，每一克料。比如世界最大的零售企业沃尔玛公司，员工记账从来不使用专门的复印纸，都是统一使用废纸的背面。公司规定所有复印纸（重要文件除外）都必须双面使用，违者将会受到处罚，就连沃尔玛的工作记录本，都是用废纸裁成的。圆珠笔必须写到不出油了才能更换；天还没黑看得见时绝对不开灯，即使拖地也不能多用一滴水。可见，能否节俭决定着企业的成败。作为企业的成员，都有责任尽力帮助企业节省。

广东一家服装公司要参加一次大型的展会，需要一批宣传资料。老板叫来秘书小艾，请她尽快去联系印刷厂印制宣传材料。

小艾听到吩咐后并没有马上去执行，而是对老板说："上次展会还剩下好多资料，可以用那些吗？"

老板回答："你找出来核对一下，看看内容是不是一样。"

小艾便找出资料进行核对。过了一会儿，小艾又找到老板。"老板，我核对过了，绝大部分内容都一样，只有一个电话号码变了。"

"那就去重印吧！"经理回答道。

小艾还在想这件事，她一直都觉得可惜，这么多资料，只因为一个电话号码的改变就不能用了。重印不仅要花费一大笔钱，还要花费时间。

"难道真的没办法再用上这些资料吗？"

无意间，她看见了桌上的一份资料。这份资料是老板开会时用的，因为老板临时改变了一个数据，于是她用一个改正纸把数据改了过来。

157

突然,她灵机一动,那些宣传材料上的电话号码不也可以用印有新号码的不干胶纸改一下吗?只要贴得整齐,是不会影响美观的。

于是,她马上到老板办公室,向老板请示。

老板有点不放心,问:"那样能行吗?"

"我仔细点,不会影响阅读的。"

"好,你去试试吧!"

2个小时后,小艾把整理好的材料给经理过目。现在,在原先那个电话号码上,是一条不干胶,上面是一个工整的新电话号码,看起来一点也没有不协调的感觉。

老板赞扬了小艾一番,并立即开了一个小型会议。在会上,老板说:"小艾的创意非常妙,虽然节省的钱不多,但是可以看出她已经将节约当成了自己的责任,主动去想办法为公司节约,如果大家都像她那样视节约为己任,那么公司就不愁发展了。"

企业就是我们的第二个家,我们应该像爱护自己的家庭一样爱护企业。只有每一位员工在公共财物的日常使用上做到能省就省,尽力去爱护,为企业尽可能地减少财务支出,这样企业才能稳步发展,员工才能乘着企业这艘大船扬帆起航,创造自己的辉煌!为了大家在工作中更好地节省企业开支,下面是总结的一些节约办公用品的方法,希望对大家能够有所帮助。

(1)公司内部文件,上行下达的文件尽量使用双面印刷。

(2)需要打印的文件事先仔细检查,没有错误再打印;打印时,适当将字体缩小、页边的空白处缩窄,这样每页纸能容纳更多内容,或使用电脑中的"缩小配合页面"功能。

(3)文件草稿及稿样的打印、复印尽量双面使用,能传阅的文件,尽量传阅,减少复印次数。

(4)各种水笔,应妥善保存笔套,日后换芯继续使用;用完的中性笔笔

杆，不要随意丢弃，可循环利用。

（5）领用的 U 盘、装订机、裁纸刀、计算机等办公用品，要妥善保管，并责任到人。

（6）要正确掌握本部门内的电脑、打印机、传真机等办公用具的使用，避免使用不当而造成的损坏。

（7）当喷墨盒用完时，最好重新加注墨水，而不是购买一个新的。一般情况下，一个喷墨盒可连续加注 5 次左右（具体视墨盒量）这样比购买新的喷墨盒节省 75% 的开支。

（8）爱护软盘、光盘、档案盒等易损物品，做到正确使用，以保证最大限度地使用次数。

（9）工厂单位，每天要发货用的记号笔，建议用完后的记号笔要及时盖好笔帽，以免墨水挥发。

（10）公司如有条件的，可建立办公用品申购入库、保管发放、使用及盘存交接等程序，使管理有序，节俭节约，避免浪费，减少公司不必要的开支。

## 警惕大吃大喝，杜绝"舌尖上的腐败"

吃吃喝喝可以说是腐败现象的"重要组成部分"。因为吃吃喝喝事小，在这吃喝背后的目的才是最可怕的。一些员工刚走上工作岗位时，拒腐之弦绷得还算紧，可时间一长，警惕性和敏感度便开始降低，经受不住灯红酒绿的考验，大吃大喝，贪财贪物，还是走向了犯罪的道路。所以，在员工职业道德建设中，我们要简化接待，警惕大吃大喝。不要以为吃吃喝喝是小事，没什么大不了的。

## 恪守职业道德 提升职业素养

清代吴骞在《拜经楼诗话》中讲述了一个明代宫廷豆腐的故事：

话说明朝开国皇帝朱元璋历尽辛苦打下天下、坐定江山后，为保朱家天下世袭永昌，他出台了一个规定：每顿饭必有粗菜。他想让后来的皇帝们"知民间辛苦"。这个放牛娃出身、当过和尚的"土皇帝"不只是嘴上说说而已，他不但大力倡导，自己也身体力行，每顿饭都上一个豆腐，作为自己不忘苦出身的实例。

朱元璋虽然想用每餐吃豆腐的办法大力提倡艰苦朴素、永不忘本的作风，甚至将其作为一种宫廷膳食规矩，以祖制家法传承下去，但是好景不长，到了他子孙的头上，这每顿必有的豆腐就变味了。

京城里大小官员及各官署中，翰林院是个清水衙门，翰林们都是有学问的人，平常十分注重自身修养，谨遵朱元璋定下的老规矩，平时吃饭清汤寡水，肠子里没有攒下什么油水。皇帝如到别的地方赴宴，翰林就可怜巴巴地向光禄寺索要剩下的御膳，改善一下生活。有一天，皇帝去赴宴，这时的皇帝已是朱元璋的后代了。众翰林纷纷去讨皇帝的剩饭。一个年轻的翰林去晚了，只端回一盘豆腐，大为懊恼，放在桌子上生闷气。

这时，一个老翰林知道了，十分高兴，连喊"拿酒来"，然后大快朵颐而去。年轻的那个翰林觉得蹊跷：老翰林就着一盘豆腐就能喝一壶酒，难道皇帝吃的豆腐有什么不同吗？他尝了尝盘里的残渣，果然跟普通的豆腐不一样。

原来，这豆腐根本就不是豆腐，而是用几百只鸟的脑髓做成的。朱元璋的子孙们虽然保持了顿顿上豆腐的家风，但那摆上餐桌的豆腐，原料早已经不是豆子了。一份豆腐需要数百上千只鸟的脑髓，这种特殊豆腐的味道到底如何，人们无法想象。当时就有人写诗说："来其旧品何时换，鸟脑新蒸玉一盘。"

## 第七章
**勤俭节约：严禁浪费，保持良好的节俭习惯**

随着人们生活水平的日益提高，各种饮食文化兴起，人们对于饮食的要求也逐渐提高，逢年过节聚餐已成为许多家庭的首选，公款吃喝更是一度屡禁不绝，产生了极其恶劣的社会影响。一方面是粮食的严重浪费，另一方面也造成单位和个人形象的损毁。

"舌尖上的浪费"与当前存在的腐败现象密切相关，而且，腐败也是浪费的根源所在。因为很多人都是打着公务旗号，这种"不揣腰包"的公款浪费，相比于贪污受贿，可能不那么引人注目，但同样是恶劣的行为。古人说："惟俭足以养廉。"今天，我们反对"舌尖上的浪费"，不仅是因为我们的国力还远未达到富裕、我们的发展还在艰难爬坡，更因为勤俭节约是我们党弥足珍贵的传统，是我们任何时候都不可丢弃的传家宝。

2013年初，新华社一份《网民呼吁遏制餐饮环节"舌尖上的浪费"》的材料引起了新上任的中共中央总书记、中央军委主席习近平的注意，他立即作出批示，要求厉行节约、反对浪费。从文章反映的情况看，餐饮环节上的浪费现象触目惊心。广大干部群众对餐饮浪费等各种浪费行为特别是公款浪费行为反映强烈。

我国每年在餐桌上浪费的粮食数量巨大，"舌尖上的浪费"触目惊心。更值得忧虑的是，浪费之风又何止于"舌尖"，造成影响又何止于挥霍钱财？据统计，中国人在餐桌上浪费的粮食一年高达2000亿元，被倒掉的食物相当于2亿多人一年的口粮。与此形成鲜明对照的是，我国还有一亿多农村扶贫对象、几千万城市贫困人口以及其他为数众多的困难群众。这种"舌尖上的浪费"触目惊心，令人痛心。

"舌尖上的浪费"民间严重，官场上更甚。在民间，节庆时节，聚会增多，请人吃饭一定要多点菜，往往造成请客的点得不少、赴宴的吃得不多，一桌宴席有一半会被浪费。有调查显示，一个人直接消耗粮食和间接消耗，每天至少一公斤食物，64000

公斤饭菜能至少满足6万人一天的口粮。但我国食物浪费现象依然严重。在官场,公款吃喝之风盛行。如国家重点贫困县江西上饶县清水乡前汪村村部乔迁庆典,庆典当天小车沿着路边停了200米长,73部小车中还有两部警车。村小操场上、教室里共摆了52桌酒席,赴宴者多是党政机关干部。觥筹交错、举箸买醉之间,不少酒水、菜肴被浪费。

如何遏制"舌尖上的浪费",我国领导人做出了很好的表率。2012年底,习近平总书记在视察广州某部队时,自己到部队食堂排队打饭,跟战士们一起吃工作餐。2013年初,他到河北阜平县考察时,住宿的房间只有16平方米,还特意要求宾馆餐厅经理工作餐严格按照"四菜一汤"标准配备,都是家常菜,不能上酒水。有一天,记者在阜平县总书记所住宾馆看到总书记一行晚餐餐单4个热菜:红烧鸡块、阜平炖菜、五花肉炒蒜薹、拍蒜茼蒿;一个猪肉丸子冬瓜汤;主食水饺、花卷、米饭和杂粮粥。

"浪费之风务必狠刹!"习近平总书记不仅仅要求全国人民厉行勤俭节约,而且自己更是做好全国人民的表率。

越是这些不起眼的小贪欲,越需要员工警惕。我们每个人都应时刻警醒,时刻检视自身,不能把公款吃当成顺理成章的事情,不能把"舌尖上的浪费"当成"没什么大不了"的事情。酒桌上谈工作,吃喝中建立联系,都是试图"不走正道而走小路"的恶习,发展下去,损害的是公平,丧失的是原则。对这种恶习的清醒认知和坚决反对,要成为所有人的共识,成为整个行业、整个社会中不可移易的风气。

不论是国家还是个人,只有反对铺张浪费,才能改进工作作风,保持艰苦奋斗的精神状态;只有厉行勤俭节约,才能有效净化风气,培育健康向上的文明风尚。与此同时,除了遏制"舌尖上的浪费",我们还应遏制"指尖上的浪费""脚尖上的浪费"等新问题,总之,厉行节约、反对浪费,需要人人从我做起。

## 第七章
勤俭节约：严禁浪费，保持良好的节俭习惯

### 5 不讲排场，不比阔气

在当今社会上，虚荣心对社会造成了严重的不良影响，攀比奢华、炫富摆阔现象似乎已成了一种"社会通病"，豪华婚礼、生日宴上，动辄出现拱门气球、烟花礼炮、流水般的酒席，铺张浪费的行为不仅破坏了社会风气，更是将大量的社会资源白白消耗。男人比房比车比地位，女人比貌比老公比孩子，红白喜事全在比。多少人为了所谓的光宗耀祖、出人头地、衣锦还乡的"荣耀"而一面勒紧裤腰带，一面大手大脚地铺张浪费，死要面子活受罪。可见，虚荣攀比的心理不可取。从这个意义上讲，我们应该克服攀比心理。

大家都知道《纣王象箸》的故事——纣王初时还是有所作为的。在这段时间，有次朝堂上，纣王拿了一双精美的象牙筷子，把玩不已，且请诸大臣观赏。诸大臣看了，也觉得美，赞不绝口。

此时，重臣箕子，也就是纣王的叔叔，他看了却浑身发冷，颤抖不已，脸也在抽动。

下堂后，箕子的熟人都聚在箕子家，问箕子在朝会为何那样惊慌。

箕子说："这筷子确实做得好，正是因为做得好，我才怕呀，怕纣王因为这筷子变坏呀！"

众人皆不解，一双筷子能叫一国之君变坏吗？

箕子接着解释："正因为筷子好呀，所以纣王会认为象牙筷子必定不能放到泥土烧成的碗、杯里去，必然要使用犀牛角、玉石做成的碗、杯。用着犀牛角、玉石做成的碗、杯，就必定不会吃

163

豆子饭、喝豆叶汤,则必然要吃牦牛、大象和豹的幼胎;吃牦牛、大象和豹的幼胎,就一定不会穿着短小的粗布衣服站在茅草屋底下,必定要穿多层华美的锦衣,铸造高大壮观的宫室。他会想要更多更多的东西,到时我们满足不了,他就会责罚我们。我害怕如此的结局,所以恐惧这样的开始……"

可是诸大臣还是不解,箕子只能摇头做罢。

又过三年,箕子的话应验,就出现了历史上的纣王暴政,酒池肉林以娱,炮烙之刑以罚乐。比干挖心,杨任挖眼,商容撞柱,箕子扫地……又两年纣亡。

对员工来说,虚荣攀比带来的嫉妒、焦虑、沮丧、恐惧等危险人格让自己郁郁寡欢,有损健康;对家庭而言,过高的脱离现实的要求会让自己和家人徒增烦恼,也让自己在诱惑面前变得特别脆弱,甚至铤而走险。喜欢虚荣攀比的人生活在一连串肥皂泡中,尽管费尽心机,最终还将一无所获,过分追求虚荣小则道德沦丧,大则走向犯罪的深渊。面对一些浮躁浮夸的社会现象,我们员工更应保持一分宁静和清醒,不要丧失自我,正确评估自己的能力,培养自己刻苦耐劳、务实求实的品德。

西晋时期,豪门世族追逐名利,鄙薄勤俭,以奢靡竞相攀比,世风沉沦日下,经常有人"斗富"。官宦子弟石崇,是司徒石苞的小儿子。在任荆州刺史时,他靠劫掠商客致富。历史记载,他"财富丰积,室宇宏丽",姬妾百数,都是穿金戴翠,华服绮丽,至于吃的、用的无不极尽当时所选,珍宝田舍无数。就连他家的厕所里,也常有数十名侍婢,穿着华丽的服饰排列在旁。厕所里还配备有甲煎粉、沉香水一类香料,专供来客使用。客人如厕后,石家的人还要给他们换上一身新衣,才让出来。

官员刘寔年轻时很贫穷,无论是骑马还是徒步外出,每到一处歇息,从不劳累主人,砍柴挑水都亲自动手。后来官当大了,仍是保持勤俭朴素的美德。有一次,他去石崇家拜访,上厕所时,见厕所里有绛色蚊帐、垫子、褥子等极讲究的陈设,还有婢女捧着香袋侍候,忙退出来,笑对石崇说:"我错进了你的内室。"石崇说:"那是厕所!"刘寔说:"我享受不了这个。"于是,刘寔改进了别处的厕所。

石崇每次邀客宴饮,常叫身边的佳丽给客人敬酒。如客人饮酒未尽,当即杀掉敬酒的佳丽。有一次,丞相王导与镇东大将军王敦一起到石家赴宴。王导虽然是一名将军,可是一向不能饮酒,总是勉强饮尽,以致大醉。王敦对敬酒坚持不饮,石崇连杀3位佳丽,他还是不饮,并面不改色地说:"你杀自家人,关我们什么事。"

令人瞠目结舌的,当数石崇与贵戚王恺、王济等人的争豪斗富。王恺是魏兰陵侯王肃之子,晋武帝司马炎的舅舅,官至后将军,多次与石崇斗富。王恺用饴糖、干饭洗锅,石崇就用蜡烛做柴火;王恺用紫纱布做步障40里,石崇则用锦做步障50里;石崇用调味香料花椒做泥,涂抹屋舍墙壁;王恺则用陶土赤石脂来涂壁。

有这样的臣子,皇帝也就好不到哪儿去。有一次,晋武帝为了帮舅舅争胜,特赐给王恺一株珊瑚树。这是一株罕见的珊瑚树,王恺得意地展示给石崇看,谁知石崇手执铁如意,把珊瑚树击碎。王恺十分生气,认定石崇妒忌他,厉声开骂。

这时,石崇也不反驳,马上让下人回家取了六七株珊瑚树,赔给王恺,而且株株都比皇帝给他的那株高,且光彩夺目,然后告诉王恺:"像你那株大小的,我家藏有不少。"王恺当即傻了眼。

还有一位贵戚王济,司徒王浑之子,娶晋武帝司马炎女儿常山公主,官至侍中。他喜好养马,有"马癖"之称。他在人多地贵的京城买了一大块地,自建骑马射箭场。马场的围墙全用金钱匝地排列而成,当时人称"金沟"。他与王恺斗富,用的是打赌方式。王恺有一头牛,叫"八百里駮",毛色驳杂,日行800里,被王

恪守职业道德 提升职业素养

恺视为心肝宝贝，常常把牛的角蹄收拾得十分光洁。

有一天，王济找上门，给了王恺1000两黄金，要求打赌对射"八百里驳"。王恺自恃自己的宝贝奔跑奇快，一口应允，并让王济先射。谁知，王济弯弓搭箭，一发命中，而且令随取出牛心。这下，王恺斗输了。

在等级森严的门阀制度下，特权阶层利用权势谋私利，攫取社会资源，挥霍社会资源，出现争豪斗富的闹剧丑剧，也就在所难免。正是这奢靡之风，成为加速西晋灭亡的原因之一。当然，石崇的下场也好不到哪里去。

石崇被乱兵杀死。临死前，他说："这些人，还不是为了贪我的钱财！"押他的人说："你既知道人为财死，为什么不早些把家财散了，做点好事？"

俗话说，"人比人，气死人"。千百年来，石崇"斗富"的故事只是人们茶余饭后的笑谈，谁知千年后，更多的人在盲目攀比。研究虚荣攀比的原因，发现中国人骨子里的"面子文化"很能说明一些问题。比如许多中国人吃饭讲究的不仅仅是美味，而是档次、环境，要的是面子、排场。一旦有他人在场，根深蒂固的面子文化便开始作祟，绝不能被人视为小气。人们的物质生活好起来了，一些人"不差钱"，点起菜来是只讲排场不求健康，觉得在吃饭上节约很"丢人"，剩菜打包就是让人笑话；做起事来更是毫无节制，什么东西贵就来什么，什么豪华就用什么，恨不得让所有的人都知道自己很有钱。难道这些人真的有面子吗？不一定。面子是别人给的，不是自己贴的，铺张浪费只是在"消费虚荣"，当你"消费虚荣"时，他人并没有从中获得更多有利的因素，不会为你长多长面子，而你的"虚荣心"也会像餐桌上的剩菜剩饭一样被浪费掉。反之，当你敢于揭去所谓的"面子"，勤俭务实，别人反倒觉得你这个人真实、可靠，会给予你信任和尊敬。否则，你就可能落入腐败的陷阱。

近些年来，随着经济的发展和物质条件的丰富，生活水平的提高，社

会上不同程度地出现了一股相互攀比的社会心理。这也会对我们员工产生一定影响,造成其盲目攀比心理滋长。有的企业员工不仅与自己同事比,与同行业的其他人比,甚至与暴发户、大款、大腕比,同他们比金钱、比享乐,这势必会滋长以权谋私的不正之风。这种攀比心理使一些人总认为自己在物质利益上吃了亏,进而自觉不自觉地偏离了工作准则,不严格按规章制度办事,不听招呼,不守规矩,甚至出现违法乱纪的问题。从这个意义上讲,不克服攀比心理,我们员工就无法做好职业道德建设。

## 6

## 以身作则,培养朴素的工作作风

节俭是一种传统美德,古往今来,这种良好的风气一直存在。同时,它也是建设节约型社会、实现可持续发展的必然要求。虽然随着改革开放,我们的生活水平越来越高,但回首过去,我们企业员工不能忘本。只有每个人以身作则,大力弘扬中华民族勤俭节约的传统美德,助力节约型社会,我们的生活才会越来越美好!因此,在员工职业道德建设中,你希望别人做到的事情,首先须要求自己做到,要通过身体力行树立榜样。当你能够以身作则,别人就会很清楚地明白,自己应该做什么,应该怎么做,并且会以你为榜样,严格要求自己。

清代康熙年间,北京城里延寿寺街上廉记书铺的店堂里,一个书生模样的青年站在离账台不远的书架边看书。这时,账台前一位少年正在购买一本《吕氏春秋》。付书款时,有一枚铜钱掉地滚到这个青年的脚边,青年斜睨眼睛扫了一下周围,就挪动右脚,把铜钱踩在脚底。不一会儿,那少年付完钱离开,这个青年就俯下身去拾起脚底下的这枚铜钱。凑巧,这个青年踩钱、取钱的一幕,被店堂里边坐在凳上的一位老翁看见了。他见此情景,盯着这个青年看了很久,然后站起身来走到青年面前,同青年攀谈,知道他叫范晓杰,还了解了他的家庭情况。听后,老翁冷冷地一笑就告辞离开了。

不久,范晓杰到吏部应考合格,被选派到江苏常熟县去任县尉官职。范晓杰高兴极了,便水陆兼程南下上任。到了南京的第二天,他先去常熟县的上级衙门江宁府投帖报到,请求拜见上司。当时,江苏巡抚大人汤斌就在江宁府衙,他收了范晓杰的名帖,没有接见。范晓杰只得回驿馆住下。可是在接下来的10天,范晓杰一直没有得到上司的接见。

第11天,范晓杰耐着性子又去,威严的府衙护卫官向他传达巡抚大人的命令:"范晓杰不必去常熟县上任了,你已被革职了。"

"为什么?我犯了什么罪?"范晓杰莫名其妙,便迫不及待地问。

"贪钱!"护卫官从容地回答。

"啊?"范晓杰大吃一惊,"我还没有到任,怎么会有贪污的赃证,一定是巡抚大人弄错了。"于是,他急忙请求要当面向巡抚大人陈述,澄清事实。

护卫官进去禀报后,又出来传达巡抚大人的话:"范晓杰,你不记得,延寿寺街上书铺中的事了吗?你当秀才的时候尚且爱一枚铜钱如命,如果当上地方官,以后能不绞尽脑汁贪污,成为一名戴乌纱帽的强盗吗?请你马上解下官印离开这里,不要使百姓受苦了。"

范晓杰这才想起以前在廉记书铺里遇到的老翁,原来他正是清正廉明、嫉恶如仇的巡抚大人汤斌。

## 第七章
勤俭节约：严禁浪费，保持良好的节俭习惯

就因为贪恋一枚铜钱，范晓杰的十载寒窗成了一场空。古语说，"小者大之渐，微者著之萌"，所以"不虑于微，始贻大患；不防于小，终累大德"。小事小节是一个人品德的反映，也是廉洁作风的一面镜子。因此，越是小事，越要守住自己的原则和操守。不要认为喝点小酒，打点小牌，洗个小澡，钓点小鱼，贪点小利都无关紧要，我们不仅要在大是大非面前把握住自己，更要在日常小事和细节问题上安于清贫，耐得清苦，洁身自好，严防自己不经意间的小贪心。

东汉时候，有一位地方官，复姓第五，名叫伦。第五伦为官清廉，持家有方，以俭治家，远近闻名，人人爱戴。他当太守时，有一年，朝廷发给他两千石俸禄。他领到俸禄后，看到百姓中有些人家生活艰难，于是，留下自家食用外，其余全部分赠给穷困百姓。

汉光武刘秀时，第五伦出任太守。到了汉章帝时，他又被皇帝封为司空。他做官时间很长，按说应该有很多积蓄，但实际上并没有。他把大部分钱财都用于救济别人了。他对家人要求极严，不许子女穿绸衣，就连他的夫人，平时也只穿粗布衣裙。别的有钱人家，妻妾奴仆成群，第五伦家却粗茶淡饭，家中仅有一两个干重活的仆人，其他洗菜、做饭、缝纫等等家务，都由他妻子一人承担。

有一次，第五伦的一个远亲从外地来到他家。远亲心想，第五伦长年做官，官位显赫，家中一定是亭台楼阁，富丽堂皇。不料，走进第五伦家中一看，完全与他所想的相反，宅院狭小，摆设简朴，许多家具已很破旧。他还看到司空夫人忙里忙外就衣做饭，真让人难以相信……

吃饭时，那位远亲说："没听说过，大官的夫人还要下厨做饭！这不是和下人一样了嘛！"

第五伦听了，不以为然地笑笑说："平常人家的妇人，不仅烧

169

饭，还要干粗活，我们已经比别人强多了。持家要勤俭，否则若养成奢侈浪费的习惯，人就会变懒变馋。那样，家风就败坏了，家风不好，那才丢面子呢！我们的家风决不能变！"

那位远亲想了想，说："也许你说的是对的，不过，像你这样的大官少见啊！"

其实，第五伦在家中，不但让妻子、儿女做家务，他自己一有闲暇，也经常动手干些力气活。

有一天，第五伦的下属部门调来了一位新官。晚上，这位年轻的官员特意前来拜见上司。年轻人走进第五伦家中，看到一位衣着简朴的妇人，说："请禀告你家主人，有客人来访。"

年轻人说罢，坐了下来，等待那妇人去禀报。

妇人听了年轻人的话，没有立刻离开屋子，而是上下打量了一下客人，然后和气地问："官人一定是新来的吧？"说着，倒来一杯茶，放在桌上，然后坐在年轻人的对面。

年轻官员见眼前妇人不去禀报，却坐在自己身旁，心中十分不悦。他瞪了妇人一眼，重复说："你回去禀报你家主人，说有客人来。"

妇人刚要说话，恰巧第五伦的小儿子跑了进来，喊道："娘，来客人了？"

这时，年轻官员才明白，这妇人是第五伦的夫人。他十分尴尬，但第五伦的妻子却不在意，仍然和气地说："太守不在家，他吃罢饭，随仆人一起上山割草去了。"年轻官员惊讶地问："割草？太守还要去割草？"那孩子说："是割草，爹爹割了草好喂马啊！"

生活上的"奢"与"俭"，看上去似乎是一个人对生活所取的态度和行为而已，其实却往往折射出其精神境界，也隐含着事业的"成"与"败"。"俭起福源，奢起贫兆""始作骄奢本，终为祸乱根"，这些至理名言，无不说明一个道理："奢"总是祸胎，是薄俗，是坏兆；用以管家则家败，用以干事

## 第七章
勤俭节约：严禁浪费，保持良好的节俭习惯

则事衰，用以治国则国亡。可以说，古今中外概莫能外。

俗话说："千里之堤，溃于蚁穴""小洞不补，大洞吃苦""勿以恶小而为之，勿以善小而不为"，这都是至理名言，我们一定要牢记。要防微杜渐，从小事开始，抵制诱惑，不贪心，不越轨，守得住自己的"小节"，才能保得住自己的"大节"。人生贵在善始，没有好的开始，就很难会有好的终结，所谓"靡不有初，鲜克有终"，说的就是这个道理。百年养德难，一日丧德易。清廉与腐败，质乃天壤之别，但就个人而言，实属一墙之隔，一次心存侥幸的纵欲，即能令理想信念及理智修养筑就的"防腐墙"轰然而塌。小贪能成大欲，警惕之心一旦丧失，贪欲的闸门一旦打开，思想暗处的滚滚浊流就会如滔天洪水汹涌而至，湮没曾经那颗清廉、忠诚、勤勉之心，一发不可收；或成为自我放纵的理由，利欲熏心，无所而不为，一步错，步步错，最终"不复顾惜"。

时下，很多员工对"奢"的危害还没有足够的认识，在员工职业道德建设中鄙视俭朴、追求奢华的现象时有所闻。实践表明，奢侈浪费与贪污腐败往往是交叉合流且兼而有之的。正如古人所说："奢靡之始，危亡之渐。"奢侈浪费是大贪，也是大恶，任何人都不能掉以轻心！当一个人奢侈浪费的时候离利用职权贪污受贿的日子也就不远了。因此，整治奢侈之风，人人有责。我们在员工职业道德建设中培养勤俭作风，能使人抵御物质享受的诱惑，不做物欲的奴隶。我们员工应该牢记历史，吸取教训，从自身做起，从身边的小事做起，从节约出发，发扬勤俭节约的美德。

# 第八章　善于学习:不断提高自己的综合实力

学习是员工充实自我、完善自我的手段。在这个知识经济时代,学习已经突破了学校的限制,变成了终生的事情。所以我们要在工作中不断地提高自己的认知和能力。作为一个员工,不论处在职业生涯的哪个阶段,学习的脚步都不能稍有停歇,要把工作视为学习的殿堂。

## 1 虚心学习工作中的新知识、新技术

英国著名哲学家培根说过:"知识就是力量。"其实知识本身并不具有力量,只有当知识化为明确的目标和具体的行动时,也就是说当知识转化为职业能力时,才会产生力量,才会增强我们解决实际问题的本领。作为一个员工,不论处在职业生涯的哪个阶段,学习的脚步都不能稍有停歇,要把工作视为学习的殿堂。知识是我们赢取发展的途径,而知识也是不断变化的,所以我们要在工作中不断地提高自己的认知和能力。

王灵是一所普通大学的学生,学的是计算机专业。毕业前夕,在亲戚的帮助下,他进入某大城市的一家科研机构实习。刚去时,人生地不熟,他只好看着别人做,显得有点无聊。领导看他闲着也是闲着,便交给他一份资料,说:"实习期间完成就行了。到时给你个实习鉴定。"王灵接过那摞资料翻了翻,二话没说,他就在电脑上忙乎起来。几天以后,他把资料分析结果交给了领导。领导当时有点不大相信,仔细地看了看那些资料才确信,王灵做得非常完美,暗暗地对这个学生有点刮目相看了。领导便想再试试他的才干,于是,又陆续交给他几项任务,并且给他留出的工作时间也很少。而这一切都没有难倒王灵,他居然都提前完成了。实习结束后王灵回到了学校。当别人都在为毕业找工作而忙得四处求职时,他实习过的那个单位领导却来到

学校,点名要跟他签约。

有人跟这家科研单位的领导说:"那么多的重点大学毕业的本科生、研究生你不要,却要一个普通的大专生,是不是他家有特别的关系,走后门进来的?"领导很正式也很严肃地说:"这一点我可以完全肯定,他不是走后门进来的。他确实是有能力,能做成事。"事实证明,王灵确实是一个有能力的人。以往由人工做的事情,由于计算等方面很复杂,容易出误差,而且费时费力,而他凭着过硬的计算机技术,不仅减轻了部门工作量,节省了人手,还大大提高了工作效率。

后来,单位的上级部门听说他很有才能,便借调他去帮忙。结果是:这个部门以前的报表都是最后交,并且还让返工,但这一次,是第一个送上去的,成为报表一次通过审核的少数部门中的一个。上级部门的领导非常看好他,便点名要他留在那里工作。虽然下属单位有点舍不得王灵,但还是不得不放。

当别人正在为保饭碗而时时担心下岗失业时,王灵却作为人才、作为宝贝,被不同部门争来抢去。凭的是什么? 凭的是他能将自己掌握的知识运用到具体的工作中去,将所学知识转化为工作能力。也许有人认为,王灵运气好,碰见了幸运女神,同样是学计算机专业,同样是一个学校,同样是一个班级出来的,没有几个人能有王灵这般幸运。但不知说这种话的人想过没有,他的幸运是偶然的吗? 他的幸运是巧合吗? 像王灵这样的人,就算他没在科研单位工作,无论在哪里就职,他都一样会发光的。因为他的幸运归结于他能把学习与工作中的实际问题相结合,而不是别的。所以,你不要埋怨自己不够幸运。如果你也能把所学的知识转化为工作能力,那么你也会成为员工职业道德建设中的宠儿。

在日常工作中,员工必须保持充足的干事热情,学习新技术新知识。21世纪是一个以知识、智力和创新能力为基础的知识经济时代,知识转化为能力才有用,能力作用于知识才有力量。在企业中,无论是管理者还是员工,只有在掌握知识的前提下,学以致用,才能为企业发展提供坚强的能力保障。科学技术就是第一生产力,对于个人而言,先进的科学技术是我们取得成功的重要资本,也是我们实现梦想、获得发展的坚实基石。比尔.盖茨、乔布斯、杨致远、张朝阳、马化腾、李彦宏以及刚刚晋升千亿富豪的扎克伯格,哪一个不是科技造就的时代英雄?科学技术就是第一生产力,要发展企业生产,要壮大企业规模,员工要实现自我价值,熟练掌握先进的科学技术都是必要的前提。因而提升员工的技术素质,促进员工掌握更多先进技术,更加熟练地应用先进技术,对于企业发展和员工的发展,都相当重要。所以,每一个员工都应当立足自己的岗位,努力学习和掌握先进的科学技术,提高自己的科学技术技能素质,成为一个具有现代高科技和高技术水平的新型员工。

王卿是沧炼炼油二部E班的主操作工。熟悉王卿的人都说,王卿这个女孩子脑筋特快。其实,在聪明能干的背后,完全是王卿的勤奋好学在支撑着。平常上班的日子里,她与同年龄的青工相比所表现出来的不同,就是特别乐意学习和摸索。"坐着玩儿也是一天,认真做工作也是一天,那还不如好好学习呢,其实好好工作很有意义也很有意思。"

她在工作上肯下功夫的劲头儿,给车间的同事都留下了很深的印象。就拿当初倒流程来说,别看她是个女孩子,可在装置上爬上爬下的,丝毫也不输于男同胞。即使是很小的一个阀门,为了彻底弄明白,不管塔有多高,她也会爬上塔顶,自己全部看清楚了才算数。

很多时候,如何操作装置才能安全平稳,产品的合格率才高?她在操作的过程中,脑子里时刻不停地就是琢磨这些貌似多余的问题。有时主任或技术员就某个事给她一个指令,她在执行的同时,总是要想想为什么要这样做,如果是自己面对这样的问题又该怎样办?当她的想法和领导布置的指令有出入时,

## 第八章
**善于学习：不断提高自己的综合实力**

她总会跑去问个究竟：为什么这样做，而不是那样处理呢？赶上装置遇到一些突发事件，即使自己当时未当班，过后她也一定要弄个明白才罢休。她会从电脑上调出装置那个时段的趋势图，分析当时的情况和原因，做出自己的判断，然后再和领导的决策相对比，从中揣摩积累经验。渐渐地，好学多问、刨根问底成了王卿的习惯。

一次，车间副主任张云生问她：加氢反应全都是放热反应吗？她不假思索地回答：全都是。"再仔细想想吧。"被别人叫出去的张副主任临走时说。放到许多人身上，答案正确与否也就算了。但王卿不，为了搞清楚这个问题，她找来许多的专业书，自己找答案，不断地翻、查⋯⋯终于，她在书上看到了这一句：加氢大部分是放热反应，但蜡分子的异构化反应是吸热反应，所以加氢整体表现出来的是放热反应。合上书，她恍然大悟，觉得自己又学了一招儿，心里那种高兴劲儿难以形容。

用心学习的结果，使王卿到炼油二部不久，便迅速成为车间的操作尖子。1998年，她来到炼油二部工作的第一年，就成为加氢精制装置首届技术比武的状元。从那一年起，她在车间历次的考试和班组加氢精制装置平稳率考核中，成绩都名列前茅。

有了扎实的理论和实践功底，即使是面对突发事故，她也总能沉着冷静。一次，加氢精制装置正在运行，突然，DCS画面上90%的参数没有了显示，压力、温度参数全都看不到了，阀位情况也出现错位，阀位有的全开，有的全关，电脑显示全乱套了。碰上了DCS突发故障。怎么办？此刻，反应炉子还在点着，装置仍在运行，如果操作不当各类事故都有可能发生，一旦超温超压，就有可能造成恶性事故。一时间，王卿的心提到了嗓子眼儿。

王卿当机立断，一面联系人员维修，一面凭经验先将各控制阀手动调整到合适的位置，然后派外操到现场，自己和其用对讲

177

机核对进料量、反应温度、高分液位等重要参数，再连续点击鼠标……一个小时后，DCS操作站恢复了正常，由于王卿措施采取得当，装置保持了平稳运行。

利用一切机会去学习，不忘初衷，谦虚学习，终生学习。这样保持不断学习力的员工才是老板和企业最需要的员工。学习不仅仅是在学校做学生的事情，出来工作后，当我们面对繁忙的工作、日新月异的社会环境的时候，我们更需要自觉地去学习。只有不断地学习，才能更好地驾驭自己的人生。通过学习，补充自己的不足，不断充实自己，方能抓住有利的时机，创造自己的奇迹。社会在改变，知识也在不断更新，那些躺在知识基础上睡大觉的人，必会被不断学习的后来者超过。因此，熟练掌握先进的生产技术，不仅是岗位工作的需要，也是员工的义务和责任，更是员工自我发展的重要前提。只有一个技术熟练、能力高强的员工，才是企业需要的人，也才能使自己脱颖而出，取得自己的职场成功。

## 2
## 学习竞争对手的经验和长处

工作是学习的绝佳场所。一个人的成长过程大部分是在职场中度过的，因此，我们必须学会在工作中学习，在工作中成长。只有学习才能进步，只有学习竞争对手的经验和长处才能提高。

# 第八章

## 善于学习：不断提高自己的综合实力

从前有一个穷人，看见一个富人生活得很好，于是对富人说，先生，我愿意为你打工3年，不求一分钱，只是有吃有住就行了，这位富人觉得很划算，立即答应了。三年过去了，穷人离开了不知去向……10年过去了，那个昔日的穷人变得非常富有，而以前那个富人相比之下，就显得寒酸了，于是昔日的富人向昔日的穷人说：我愿意出50万买你成功经验，那位穷人说，我是在你那儿学到的呀。

这个故事告诉我们，智慧源于学习、观察和思考，变成富人的捷径是向富人学习。孔子曰："三人行必有我师焉。"身在职场，竞争激烈，每个人都希望超越竞争对手一步，这样你的前途自然就会一片光明。那么如何超越竞争对手呢？唯一的答案就是向他们学习，取人之长，补己之短，汲取竞争对手成功的经验，借鉴他们失败的教训，全面提高自己的综合竞争实力。一位资深体育教练曾经这样说过："竞争对手是每个运动员最好的教科书，谁要想战胜竞争对手，谁就得向竞争对手学习。"同样，在员工职业道德建设中，员工就必须懂得向竞争对手学习的道理，这样不仅可以取长补短，完善自我，而且还能够最大限度地发挥自己的优势和长处，最终超越竞争对手，为自己提供更大的提升空间。

福富先生是一位优秀的日本企业家，17岁时进入一家公司工作，当时与他共事的都是富有经验、资历较深的老员工。福富年纪轻，资历浅，经常受到老板训斥，受到老员工轻视，处境非常不妙。但聪明的福富先生没有畏惧退缩，他把挨训和怠慢当作机遇，总是力求从中学会一点东西，知道一些事情。有了这样的决心，福富在面对老板和老员工时，不再像老鼠见了猫一样惊慌逃走，而是主动上前，躬身行礼并谦虚地打招呼说："我难免有做不到的地方,请多指教!"碍于情面,老板和老员工们不再摆架子,而以长者的风度指出他应该注意和改正的地方。福富洗耳恭听,然后立即按照他们的指导改正自己的缺点,以求做得更好。功夫不负有心人,两年后,老板对他说:"通过长期考验,我看你工作勤恳能干,善于向他人学习,从明天起,你就是公司的部门经理了。"福富当时只有19岁,却战胜了公司里许多老员工,成为最年轻的经理,他的成功是由于他虚心向竞争对手学习,创造并把握住了学习机会。

职场如战场,在工作中,人与人之间的竞争更加激烈。不学习,就会落后。有很多人不去学习,不去想办法提高自己的能力,而是抱怨公司、领导对自己不够重视。实际上,问题出在自身,你如果没有养成学习的好习惯、不提高自己的工作能力,老板怎么会重视你呢?老板又凭什么重视你呢?因此,如果你想在竞争激烈的公司中胜出,就必须在工作中不断学习,不断地吸取经验教训,以新的技能来支持你的成功。如果不能在工作中不断学习,提高自己的知识和能力,不能应付自己的工作,不能为公司创造更大的价值,就算你曾是公司的重要员工,就算你是硕士、博士甚至博士后,老板也会为了公司的利益把你扫地出门。

小李毕业后没多久,就幸运地应聘到一所知名的职业学校做办公室的文职人员,主要负责起草文件、对外宣传等工作。同一办公室里还有其他三位同事。校长在场时,大家都表现得工作很投入的样子。校长不在时,同事们就精神放松下来,在电脑上玩玩游戏,侃侃奇闻轶事等。小李因为初来乍到,很有自知之明,没有随大流,而是一有空闲,就想一想领导交办的事情有没有未办妥的,自己还欠缺哪方面的知识,然后抓紧时间进行充电。正是由于小李的用心,他为自己的未来增添了色彩。小李在学校干了四年,第一年做的是普通职员,第二年升任办公室副

## 第八章
### 善于学习：不断提高自己的综合实力

主任，第三年由副主任转为正主任，第四年出任校长助理。由于学校实行的是岗位工资，小李也由当初的每月几百元，升至现在的月收入上万元。

作为一个员工，你时时刻刻都要面对方方面面的竞争，比如：你的同事、领导、下级以及同行业的员工，这些都是你目前潜在的竞争对手。面对如此众多的竞争对手，你必须拥有向他们学习的勇气，从而学习他们成功的经验，或借鉴他们失败的原因，以防自己再犯竞争对手同样的错误。能继续保持主动学习态度的人是不断进步没有停顿的。他们一步一步随着岁月踏实地发展，经过一年就积累一年的实力，经过两年就积累两年的实力。这种人才是真正的"大器晚成"。在工作中，今天你可能是一个价值很高的人，但如果你故步自封，满足现状，明天你的价值就会贬值，被一个又一个智者和勇者超越。今天你可能做着看似卑微的工作，人们对你不屑一顾，而明天，你可能通过知识的丰富和能力的提高，以及修养的升华，让人刮目相看。

## 3
## 刻苦钻研，做一名"专家"员工

"金无足赤，人无完人"，没有人是全能天才。每一个人的天资和禀赋不一样，擅长和喜好也不相同，每个人都会有所长，也会有所短。而且每一个人的能力和精力都是有限的，即便再勤奋努力的人，也不可能把所有的知识、技术和才能都学会，都熟练，都精通。因而做自己不喜欢的、不擅长的、天赋不够的事情，必然会比我们做自己喜欢的、擅长的、天赋异禀的事情要难得多，成功的机会也少得多。所以，扬长避短、发挥优势，就是我们最重要的成功智慧。把注意力、精力和能力都集中在自己的优势上,发现、开发、经营和发挥自己的优势,才是最聪明、最高效、也最省力气的做法。与其费尽心思地去改善自己的劣势,还不如努力把自己的优势发挥到极致,更能得到承认,获得成功。

刘亚纲在北京一所名牌大学获得硕士学位后,进入一家中型的外贸公司。他每天的工作就是跑腿打杂,跟在别人后面装谦虚状,做的都是基层的工作……这让刘亚纲很不适应,自己堂堂一名牌大学的毕业生,怎么能落到如此的境地呢?两个月过去了,领导还没有给刘亚纲任何的机会,他就有了跳槽的念头。恰在这时,公司组织了一次去新疆的旅游,当刘亚纲看到沙漠上的骆驼的时候,他惊奇地问主人:"大骆驼旁边的小骆驼并不驮人,为什么还要它们跟着呢?"主人说:"这个小骆驼很聪明,很有千里马的潜质,现在是锻炼它的时间,这样以后它才会有机会、有资格驮游客,没有经过锻炼的骆驼是会出事故的……"

刘亚纲听后深有启发,再也没有了跳槽的想法,而是刻苦锻炼自己,找机会强化自己的业务技能。经过三个月的辛苦付出,刘亚纲终于开始被领导重视,并陆续接到了一些重要的任务。一年后,刘亚纲成为业务骨干,两年后升为部门经理。他这两年前和两年后的区别在于:他踏踏实实地锻炼了700多天……

在工作中,薪水待遇是其次,学习机会才最重要。要把工作当成学校的延伸,把主管和资深同事当成良师,如海绵吸水般虚心学习知识。这个世界并没有要求你成为某个行业的科学家,也不会强求你成为学科带头人,但是它确实要求你精通你所选择的行业,并在自己的位置上付出你全部的精力和智慧。如果你在自己的专业领域是行家里手,你才能成为公司中不可替代的人。

你的技能别人没有,或者你的技能最为出色,你就会成为企业最倚重

## 第八章
### 善于学习：不断提高自己的综合实力

的人，也就能成就自己的一番事业。所以，无论你从事什么职业，在什么岗位上，都应该花最多的功夫去精通它。让这句话成为你的座右铭。如果你是岗位工作的行家里手，精通自己的全部业务技能，并且能尽己所长，发挥优势，铸就自己的技能品牌，你必然能赢得良好的成功机会，就能成为企业的"技术能手""专家员工""金牌员工"，就永远无人可以替代。

巴黎一家五星级大酒店有个小厨师，长得并不英俊，憨憨的，谁都可以说他两句，他都照单全收。他没有什么特别的长处，做不出什么上得了大场面的菜，所以他在厨房里只当下手。但是他会做一道非常特别的甜点。两只苹果的果肉都放进一只苹果中，那只苹果就显得特别丰满，可是外表上看，一点儿也看不出是两只苹果拼起来的，就像是天生那样子长的一般。同时果核也被他巧妙地去掉了，吃起来特别香。

这道甜点被一位长期包住酒店的贵妇人发现，她品尝后，十分欣赏。并特意约见了做这道甜点的小厨师。贵妇人虽然长期包了一套最昂贵的套房，一年中也只有不到一个月的时间在这里度过，但是，她每次到这里来，都会指名点那道小厨师做的甜点。

酒店里年年都要裁去一定比例的员工，经济低迷的时候，裁员的规模会更大。不起眼的小厨师却年年风平浪静，就像有特别的后台和背景。后来，酒店的总裁告诉小厨师，那位贵妇人是他们最重要的客人，而他是酒店里不可或缺的人。

一个人的职场生涯占据了人生的大部分时间，在日益激烈的社会竞争中，工作往往成为了人们生存与发展的重要途径。而要想让自己成为企业不可或缺的人才，你就必须努力成为企业的核心员工。要成为企业的核心员工的硬件，就是你要对这家企业有贡献而且还是比较大的贡献。这是成为核心员工的首要条件。你的能力别人没有，这就是你在职场存在的理由,这就是你能够安身立命的资本。所以,作为员工一定要熟练掌握一门技能,成为企业的核心员工。否则,你在员工职业道德建设中就是可有可无的人,只能做别人都可以做的事情,说不定什么时候就被别人顶替掉了。

英芳从高中毕业后,就因家庭经济原因进入本市一家服装店做店员工作。当时是新员工,薪水不高,可是她个人对生活质量要求很高,名牌服装、高档化妆品一样也不能少。但由于微薄的薪水不能满足她的要求,于是,她又加入了某个大型保健公司,做产品直销的业务员,经常参加其中的培训,但由于急功近利,她的业绩并不高,每天像个陀螺般转来转去,却始终看不到工作的希望在哪里。

一个企业,如果没有自己的拳头产品,不能占据一定的市场份额,没有跟得上时代步伐的核心技术,必然难以生存下去,最终要走向灭亡。一个员工,如果没有自己的专长,没有老板需要的核心技能,没有公司需要的价值,不能跟上职场发展的需要,没有自己的风格和优势,则很容易被职场淘汰。道理都是相通的,关键是要以经营企业的心态来经营你自己。那么,什么才是一个人的核心竞争力呢?简单来说,一个员工的核心竞争力,就是指他相对于大多数员工的优势所在。一个聪明的员工,懂得如何推销自身这个产品,并将其做成品牌。下面我们将告诉你,该怎样打造自己的核心竞争力。

首先,你要问自己3个问题:你想做什么? 适合做什么? 能做什么? 找工作前,我们必须考虑到自身的兴趣、价值观、能力、市场需求等各方面因素,找出它们与职业的最佳结合点,从而为自己进行准确的定位,提高自己的竞争力。其次,一个员工要想获得成功,就必须为公司和老板创造价值,必须向他们提供具有竞争力的服务,得到他们的信赖和认可。

核心竞争力是一种综合能力,而不是一两项工作技能。除了要有大

家都具备的能力之外,我们还必须拥有自己的独特卖点,有老板喜欢、需要和看重的价值。例如,学习能力、创新能力、组织领导能力、策划能力、人际关系协调能力、沟通表达能力等等。企业的核心员工是创造企业利润的主力军,他们是企业的核心和代表,是企业的灵魂和骨干。核心员工往往掌握着企业的核心竞争力,所以核心员工一旦流失,其后果是惨重的。成为企业的核心员工对于年轻人来说至关重要,往大了说,它可以实现我们的人生价值,往小了说,它可以提升我们在公司中的地位,为我们带来丰厚的收入,也为我们的职业生涯提供助力。不过,企业的核心员工并不是天生的或者不变的,只有在不断的学习中,员工才能成为真正的核心员工,为企业的成长保驾护航!

## 勇于创新,做个解决工作难题的高手

作为现代企业的员工,创新精神是必备的素质之一。只有具有创新精神,我们才能在未来的发展中不断开辟新的天地,才能与时俱进、敢为人先,为企业、为岗位创造新的奇迹,成为企业发展的推进器。创新是一个国家兴旺发达的不竭动力,是一个民族进步的灵魂。身处于这样的时代,面对新的历史使命和发展机遇,每一名员工都要培养自己的创新精神,在员工职业道德建设中充分发挥自己的想象力和创造力,打破旧的思维及行为模式,走上创新之路。这样,你才能赶上高速前行的时代列车,使你的事业兴旺发达。

## 恪守职业道德 提升职业素养
Keshou zhiye daode tisheng zhiye suyang

在宝钢运输部汽车电器维修间，有一位5年内获得40项国家专利、闻名上海的"工人发明家"和享誉全国的"十大杰出员工"。他就是汽车电器高级技师孔利明。

1984年，孔利明从上海运输一场调到宝钢集团，当起了汽车维修电工。面对一辆辆进口车，本以为是"专业对口"的孔利明自知不足，便孜孜不倦地学习科技知识。宝钢厂区几百辆小至15吨，大到120吨的专用汽车大多是整车从日、美、德、意、韩等国引进的，引进设备一个令人感到头疼的问题，就是备件国产化。宝钢投产前夕，孔利明就在国产蓄电池能否替代进口的问题上同日本专家展开了一场争论。日本专家认为：中国产蓄电池不能在进口车上使用，必须从日方进口。在调试引进可控硅蓄电池快速充电机时，日方专家未把现场的孔利明放在眼里，只让他干些杂活。他不服这个理，要为中国工人争口气。他暗暗收集国内外蓄电池资料，提出了进口车辆与国产蓄电池使用搭接的一整套方案。实施后，第一年就为宝钢节省外汇15万美元，用事实推翻了日方专家的结论。这一成功，解决了当时众多进口车辆蓄电池国产化问题。

在工作中，孔利明经常考虑搞技术改进创新，是不是一定要花大价钱？能不能不花钱或少花钱而达到同样的目的呢？

1993年，"日野"载重车的启动马达被国产替代的离合器片粉末堵死，大量烧坏。面对一个价值1万多元，堆成小山似的报废启动马达，孔利明看在眼里，急在心头，满脑子尽是一只只冒烟的马达。不能眼看着离合器片国产化方案流产，他决意要攻下这个新课题，可他先后设计20多个方案都不行。有一天孩子说要吃"面疙瘩"，妻子叫孔利明去买点面粉，谁知装面粉的塑料袋被自行车扎了个洞，面粉唑唑地往外流，孔利明一看，顿时喜从中来，解决问题的方案找到了，他顾不上堵一下洞口，飞快地

赶回家,放下仅剩着一丁点面粉的空塑料袋,直奔实验室,妻子怀疑他得了神经病。第二天,他在马达上开了一个小洞,没花一分钱,就解决了启动马达容易被烧坏的问题,离合器片国产化也顺利推行。当年为宝钢节省148万元人民币。接着他又进行了十几项备件国产化的替代,每年为宝钢节省95万元人民币。

1997年,宝钢唯一的一台从美国引进的福特特种罐车,专为装卸磷酸用的宝贝车的电加热系统损坏,人员无法正常操作。而电加热系统又是该车消除结晶必不可少的设备,该车国内尚无特约维修站,也无备件更换,按常规应请美国专家前来指导修理,解剖罐体,更换备件,工程巨大,但时间等不起。紧急关头,孔利明挺身而出,勇挑这副重担。经过多次实验,终于不辜负领导的期望,设计出一套电隔离保护的加热装置,使电热器件寿命大大延长,使操作人员生命有了保障,也为企业避免了一大笔损失。

多年来,孔利明以高度的责任感从事每一项工作任务,多次获得发明中国专利新技术、新产品博览会"金奖",无论专利数还是专利得奖数,在宝钢都是第一名。为企业做出了重要贡献。

创新是指人们为了发展的需要,运用已知的信息,不断突破常规,发现或产生某种新颖、独特的有社会价值或个人价值的新事物、新思想的活动。创新的本质是突破,即突破旧的思维定势、旧的常规戒律。创新的基础是创造性思维,创造性思维就是以新的不同寻常的方式考虑问题、寻找方案,是思维的最高形式,它能破除常规逻辑的限制,探究事物的本质、预测发展的趋势,它能超越原有的事物的界限和隔阂,把事物重新有机组合起来。没有创造性思维的员工是不可能进行创新的,墨守成规只能导致故步自封。

在员工职业道德建设中,我们会随时随地遇到问题。面对这些问题,公司需要那些可以勇于创新、独立解决问题的人。善于发现问题,敢于直面问题,勇于解决问题,才能在化解矛盾和解决问题中实现新的突破。工作的最终目的不是坚持不懈,更不是将问题挤压。而是找准正确的方法解决问题。因此,你的眼界要开阔,要能从方方面面去思考解决问题的方法。而成功往往就蕴涵在其中。

有一个厂子,常年生产衬衫,可是,随着人们思想的转变,穿这种老式衬衫的人越来越少了,厂子的效益一年不如一年。几年下来,库房堆满了卖不出去的旧货。

这时,有个年轻的工人提议,把积压的白衬衫前后印上一些字,比如:"朋友,别再伤害我!""我烦着呢!离我远点!""笑一笑好吗?""一块儿吃个饭吧!"这些新潮的词印在衬衫上,让这些衣服显得很另类,满足了当下年轻人追求时尚的心态。

当时,很多人不赞同这种做法,认为这种改变意义不大。厂长决定先做出一批投放市场,看看客户的反应如何。很快,一批印有标语的衬衫摆到了商场的货架上,让人意想不到的是,这些衬衫很快被销售一空。于是,第二批、第三批印着个性标语的衬衫纷纷上市,并大量销售,一时间,无人问津的"老衬衫"变成了一种时尚的服装。该厂不仅卖掉了积压的产品,还加班加点地进行生产,一个濒临破产的企业居然起死回生了。

一个优秀员工应该勤于思考,善于动脑找出巧妙的解决办法,而不是一味出蛮力苦干。方法对于任何工作和任何事业都是重要的。有句阿拉伯谚语说得好:"你若不想做,会找到一个借口;你若想做,会找到一个方法。"这个时代需要的不是只会出力、不讲方法的人,而是靠创新智慧找到正确的工作方法的人。研究表明,左右一个人成功的最关键因素是思维模式,而不是智商的差异。企业运营也是如此,一个具有良好创新思维能力的企业才能真正成功,而不具备创新思维力的企业,则可能永远没有出头的机会,思维和观念才是控制企业成功的核心密码。在员工职业道德

建设中,员工要做到创新思维就要做到以下三点:

第一,要转变观念。世界上最难改变的是人的思想,人很容易陷入自己的思维定势。要常给自己提个醒,换个方向你可能就是第一。观念决定思路,思路决定出路,做事靠知识,做人靠观念。要能够站在时代的前列,捕捉新的信息,接受新的事物,以新的理念来统筹安排我们的各项工作。

第二,要运用正确的思维模式。要依据不同的岗位职责,选择不同的思维模式,有时要综合利用。要有效克服不良的思维定势,改变常规的思维方式,从员工、班员的需求去考虑工作,才能有新亮点、新突破。旁观者清,换位思考,往往能产生更大的效能。

第三,要把握正确的创新方向。既要求新求变,更要求实。求新是观念,求变是过程,求实才是目的。创新不是不求实际的独出心裁,也不是东拼西凑的表面文章,它是对日常工作的规范完善和提速提质提效,就是创造更大更好的工作成果。

## 5

## 用业余时间充电,完善职业生涯规划

学习是不断提高自己的阶梯。学习的目的不是为了追求高学历,而是不断提高自己的能力。因此积极主动地学习尤为重要。在这方面,你需要做到以下几点:

第一,在工作中学习。要想在当今竞争激烈的商业环境中胜出,就必须从工作中吸取经验、探寻智慧的启发以及有助于提升效率的资讯。通过在工作中不断学习,你可以避免因无知滋生出自满,损及你的职业生涯。专业能力需要不断提升技能组合以及刺激学习的能力相配合。所以，不论是在职业生涯的哪个阶段，学习的脚步都不能稍有停歇，要把工作视为学习的殿堂。

第二，主动给自己充电。在公司不能满足自己的培训要求时，也不要闲下来，你可以自掏腰包接受"再教育"。当然首选应是与工作密切相关的科目，其他还可以考虑一些热门的项目或自己感兴趣的科目，这类培训更多意义上被当做一种"补品"，在以后的员工职业道德建设中会增加你的"分量"。

"全球第一女CEO"、惠普公司董事长兼首席执行官卡莉·费奥莉纳女士是从秘书工作开始职业生涯的。她是如何提升自我价值，一步步走向成功，并最终从男性主宰的权力世界中脱颖而出的呢？答案就是不断在工作中学习。卡莉·费奥莉纳学过法律，也学过历史和哲学，但这些都不是她最终成为CEO的必要条件。卡莉·费奥莉纳并非技术出身，在惠普这样一家以技术创新而领先的公司，她只有通过自己的不断学习才能达到自己的目标。她说："不断学习是一个CEO成功的最基本要素。这里说的不断学习，是在工作中不断总结过去的经验，不断适应新的环境和新的变化，不断体会更好的工作方法和效率。我在刚开始的时候，也做过一些不起眼的工作，但我还是从自己的兴趣出发，找最合适的岗位。因为，只有我的工作与我的兴趣相吻合，我才能最大限度地在工作中学习新的知识和经验。在惠普，不只是我需要在工作中不断学习，整个惠普都有鼓励员工学习的机制，每过一段时间，大家就会坐在一起，相互交流，了解对方和整个公司的动态，了解业界的新动向。这些小事情，是能保证大家步伐紧跟时代、在工作中不断自我更新的好办法。""很少有人能够具备与生俱来的领导能力，真正成功的领导者肯定是在工作中不断积累经验、不断学习而逐步成功的。"

## 第八章
### 善于学习:不断提高自己的综合实力

提升自身的综合素质才能得到不断地发展。一个愿意通过学习来提升自己能力的人,最终会获得职位的升迁和事业的成功。不过,文化素养的提升是一个长期的过程,不仅需要企业千方百计、利用各种途径提高员工的科技文化素质,更需要每一个员工积极完善自己的职业生涯规划,自我学习,提升素质,增强能力。

职业生涯设计,是指个人发展与组织发展相结合,对决定一个人职业生涯的主客观因素进行分析、总结和测定,确定一个人的事业奋斗目标并选择实现这一事业目标的职业,编制相应的工作、教育和培训的行动计划,对每一步骤的时间、顺序和方向作出合理的安排。初入职场的员工来说,有一个合适的职业生涯规划才能更好地发展自己。

职业生涯设计要求你根据自身的兴趣、特点,将自己定位在一个最能发挥自己长处的位置,可以最大限度地实现自我价值。职业生涯设计实质上是追求最佳职业生涯的过程。一个人的事业究竟向哪个方向发展,他的一生要稳定从事哪种职业类型,扮演何种职业角色,都可以在此之前作出设想和规划。

良好职业生涯规划具有以下特点:第一,可行性。设计要有事实根据,不是"幻想";第二,适时性。设计是预测未来,因此各项主要活动何时实施、何时完成,都应该有时间上的安排,并不断检查;第三,适应性。牵扯到多种可变因素,因此应该有弹性,以增加其适应性;第四,持续性。人生的每个发展阶段都应能连贯衔接。职业生涯规划的基本步骤分为:

(1)确立志向:如果你不知道你要到哪儿去,那通常你哪儿也去不了。志向是事业成功的基本前提,没有志向,事业成功也就无从谈起。立志是人生的起跑点,反映着一个人的抱负、胸怀、情趣和价值观,影响着一个人的奋斗目标及成就。

(2)准确评估:准确评估包括两个方面的内容,即自我评估和环境评估,这如同孙子兵法中所说的"知己"和"知彼",这是职业生涯规划中最重要的一步。

(3)选择职业:通过自我评估、环境评估,认识自己,分析环境,在此基础上对自己的职业或目标职业做出选择。也就是在职业选择时，要充分考虑到自身的特点，要充分考虑到环境因素对自己的影响。

(4)确定职业生涯路线：在职业(或目标职业)选择后，还需考虑向哪一路线发展。是走行政管理路线，向行政方面发展？还是走专业技术路线，向业务方面发展等等。发展路线不同，对人的各方面条件要求也就不同，这一点也不能忽视。

(5)设定职业生涯目标：生涯目标设定，是职业生涯设计的核心。一个人事业的成败，很大程度上取决于有无正确适当的目标。生涯目标的设定，是在继职业选择、生涯路线选择后，关乎人生目标的抉择。其抉择是以自己的最佳才能、最优性格、最大兴趣、最有利的环境等条件为依据。通常目标分短期目标、中期目标、长期目标和人生目标。短期目标又分日目标、周目标、月目标、年目标，中期目标一般为三至五年，长期目标一般为五至十年。有效的生涯设计需要切实可行的目标，以便排除不必要的犹豫和干扰，全心致力于目标的实现。

(6)制订行动计划与措施：在确定了生涯目标后，行动便成了关键的环节。没有达成目标的行动，就不能达成目标，也就谈不上事业的成功。这里所指的行动，是指落实目标的具体借施，制定科学可行的个人计划并努力实现是生涯规划的关键。

(7)评估与反馈：俗话说"计划赶不上变化"，影响生涯设计的因素很多，有的变化因素是可以预测的，而有的变化因素难以预测。在这些状况下，要使生涯设计行之有效，就需不断地对生涯设计进行评估与修订。其修订的内容包括：职业的重新选择、生涯路线的选择、人生目标的修正、实施措施与计划的变更等等。

对员工来说，做好职业生涯规划对于完善自我有着重要意义。它体现在以下几个方面：

第一，职业生涯规划有助于确立个人发展目标。通过分析了解自身能力、才华和性格特点；找出自己的特长，确立自己的个人发展目标，并制定一系列行动计划，充分发挥自己的潜能，最终实现目标。

第二,职业生涯规划能够激励自己努力工作。随着时间的推移,你的计划将一步一步地实现,这时你的思维方式和工作方法将逐步改变。但最重要的是你必须有具体并且可实现的计划。

第三,职业生涯规划能助你把握关键。做好职业生涯规划能帮助我们更好地安排日常工作的优先级顺序。通过职业生涯规划将使我们能够把握关键,提高成功的几率。

第四,职业生涯规划有利于挖掘个人潜力。职业生涯规划可以帮助你集中注意力,专注于自己有优势且能得到高回报的领域,这有助于你发挥更大的潜力,最终达成目标。

第五,职业生涯规划能助你了解当前的努力。为你提供了一个自我评估的重要功能。你可以根据规划的进展情况评价你当前取得的成果。

## 6

# 坚持学习,每天进步一点点

《论语》上说:"学而时习之,不亦说乎!"可见学习是人生最大的快乐。一个想要获得成功的人,不但要志在高远、脚踏实地,更重要的是,他要懂得持续不断地学习。今天的职场,我们很难说自己就固定哪个工作和岗位上,变换工作、变换岗位,是经常发生的事情。所以,我们要尽快适应新工作、新岗位。此时的学习能力就显得非常重要。作为一名员工,如果没有一定的学习能力,靠我们参加工作前的一点"存货",很快就会无法满足工作的需要。比如很多人都会发现大学毕业后的两年,同学们聚到一起,大家的变化还不算很大。等到五年后再聚到一起时,每个人都有相当大的变化:善于学习新知识的人能够很好地适应工作、适应社会,而只会抱着学校里学来的知识、不思进取的人就会有落后的感觉。因此,不懈怠的

恪守职业道德 提升职业素养
Keshou zhiye daode tisheng zhiye suyang

学习才是百战百胜的利器,只有坚持学习的人才是聪明而有远见的员工。

　　2006年,两个年轻的大学生同时应聘到一家公司,一个是名牌大学毕业的高材生小王,另一个是普通大学毕业的小赵。因为他们都是刚刚参加工作,没有什么经验,所以,公司安排他们从基层干起。尽管他们担任的职位差不多,但起薪有所不同,高材生小王的工资自然要高一些。高材生小王在大学里储备了丰富的知识,对于自己的工作任务能轻松自如地应对。非常自信的他,甚至有点瞧不起小赵那些笨头笨脑的做法。颇有自知之明的小赵,知道自己的学历有点浅,知识面没有小王宽。为了缩小自己与小王的差距,小赵经常利用空闲时间努力学习。碰到不明白的地方,小赵有时不得不硬着头皮向自负的小王请教。

　　虚心好学的小赵,在工作上也经常向同事们请教,还时常征求领导的看法,以便在工作中能及时发现问题,纠正错误。通过旁人的指点,小赵在工作和学习中少走了许多弯路。

　　有一次,晚上10点了,老板正要离开办公室,看到小赵还在电脑旁忙碌,便催小赵下班。小赵告诉老板,自己觉得业务能力很一般,想对业务更精通些,便每天晚上在网站上查些学习资料,提高自己的业务水平。老板点了点头,给他推荐了两个不错的专业网站,就离开了公司。

　　因为小赵的不断努力,不知不觉中,小赵的工作能力便和小王旗鼓相当了。一年以后,这两个年轻人的工作能力又有了新的差距:小王和刚入公司相比并没有太大的提高,倒是小赵在原有的基础上,前进了一大步。公司交付的任务,小赵不仅完成得又快又好,还能在工作中提出很多完善管理、创造效益的好点子。他的业绩大大超过了小王,而且还被提升为部门主管,当然薪水也要高于小王。

## 第八章

**善于学习：不断提高自己的综合实力**

在实现员工职业道德建设中，有些人往往非常看重薪水和工作环境。很少有人把学习技术、提升自己的能力摆在第一位，与之相反，总是抱怨公司、老板对自己的不够重视。实际上，问题出在你自己身上，你不养成学习的习惯，不提高自己的工作能力，老板怎么会青睐你呢？作为老板，谁都会提拔那些有上进心，并且能为公司作出重大贡献的人。事实就是这样，不是小王的业绩不好，而是小赵的业绩更出色。名牌大学的背景并不能让人进步，持续学习才是走向成功的关键。可能小王还在沉溺于自己辉煌的过去，而小赵正悄声无息地学习，赶超同龄人。现实就是这样残酷，如果原地不动，你就会被数以万计的人超过。

坚持学习，每天进步一点点才能跟上时代的发展。现在知识老化得很厉害，每10年甚至更短的时间内知识就要更新一遍。每个人都不能光靠过去所学的知识来工作，而要不断地学习。人的核心竞争力源于创新能力，而创新能力则来自不断地学习。因而，学习能力是一个优秀员工必备的素质，也是一个员工让自己成为企业发展动力的有效途径。一个现在有能力的人，无论他是博士、硕士，还是高级工程师，如果不注重学习，也会落后，变成一个"能力平平"的人。而一个暂时能力不是很强的人，只要坚持学习，善于学习，就一定会成为一个能力出众的人。

大学毕业生罗伯特和吉斯同时被招聘到某公司运输部。罗伯特按部就班，认认真真地完成经理交办的每项工作，没出什么差错，他自己也比较满意。但吉斯却并没有自我满足，在工作中他不断地学习运输行业的有关知识，很快提高了自己解决问题的能力。在对客户的分析中，他发现北部地区的货物运输近期常有滞期现象，多是由于修路原因造成。于是，他通过电脑交通网络，对北部周边地区各交通干线的路况进行了一系列的调查摸底，并于每天列出一份动态的路况交通图交给经理参阅。就是这份动态的路况图，对公司的货物运输起了重要的疏导作用，不但缩短了有效运输时间，而且减少了因修路、绕行而产生的运输费用,受到公司领导的重视和奖励。当然,3个月后,继续聘用的是善于不断进步、能力不断提高的吉斯。

成功是人生大理想和终极目标,人生理想的实现并非一蹴而就,它需要一辈子的努力才可以取得。我们想要取得成功,不妨先问问自己,你对学习的欲望到底有多大?因为成功是成长的结果,成长唯一的途径是学习。当然了,不是所有读书人都一定会成功,但成功的人的确大脑中有着比别人更多的东西。

今天不学习的人,说到底就是浮躁所致。浮躁除了让你一无所得之外,没有任何其他的用处。在快速发展变化的时代里,如果不能够不断学习,就会被市场所淘汰。所以,企业的每一位员工,都应该保持求知若渴、虚心若愚的学习心态。这是企业发展和进步的根本动力。知识就是力量,不懈怠的学习力才是百战百胜的利器。尤其在感觉自己不足的时候,学以致用是一条捷径。通过在员工职业道德建设中不断学习,就能提高自己的实际能力。

从一名普通飞行员到中国首位航天员,杨利伟跨越了常人难以想象的困难。

首先是知识关。杨利伟至今仍记得所在飞行部队师长为他送行时说的话,"利伟,到那儿好好干。别的我都不担心,你飞了10年,操作没问题,你遇到的最大挑战可能是基础理论和专业知识的学习。"果然如此,杨利伟后来回忆说:"我当时对师长这句话的认识还不深,因为根据这么多年的飞行经历,我以为只是训练会比飞行员更多一些。到了航天员训练中心后才发现,在基础理论上需要下很大的功夫。"要学的课程涉及三十多个学科、十几个门类,比在飞行学院学习要难上几倍、几十倍。"好多知识是以前从来没有接触过的,掌握这些知识对我来说非常困难。"杨利伟说。而一个对比的现象是:有些战友在这方面明显

要高于他。那怎么办呢？他的方法很简单：废寝忘食，比别人付出更多的时间去钻研。刚刚成为宇航员的前两年,他晚上12点前没睡过觉。针对自己英语基础比较薄弱，为攻克英语关,他经常从航天员公寓往家里打电话,让妻子在电话中当英语陪练。这样一来,英语考试时,他居然得了100分。而基础理论学习结束时,杨利伟的成绩是全优。

其二是体能关。太空旅行对人的体能要求很高,尤其是耐力。杨利伟虽然爆发力不错，短跑还可以,但是耐力较差,长跑不行。杨利伟回忆说："记得原来在飞行学校的时候,所有的体育项目考试都是优秀,惟独长跑需要'攻关'。而在航天员训练中,耐力训练是最基本的训练。为了把这一关攻下来,我就抓住各种机会练习长跑,结果导致骨膜炎,上厕所都不敢蹲下来。"就是这样,杨利伟依然坚持不懈,最后,他的长跑成绩也是"优"。

其三是航天环境适应关。这是航天员训练中最为艰苦的,是向人的极限能力挑战。超重耐力训练在离心机里进行。当离心机加速旋转时,人受到的负荷从1个G逐渐加大到8个G。杨利伟的面部肌肉开始变形下垂、肌肉下拉,整个脸只见高高突起的前额。做头盆方向超重时,他的血液被压向下肢,大脑缺血眩晕；做胸背方向超重时,他的前胸后背像压了块几百斤重的巨石,造成心跳加快,呼吸困难。这是对人意志的考验。在他的左手旁,有一个红色的按钮,是用来报警的。如果航天员在训练时,感到不行了,就可以揿按钮叫停。但是,在每次离心机训练时,他都以坚强的意志,忍受着平常人难以想象的煎熬,从未碰过这个按钮。当然,杨利伟在训练中并不蛮干。他爱动脑筋,琢磨规律和方法,使一些极具挑战的严格训练逐渐变得轻松起来。如在飞船模拟器的训练中,为了取得最理想的学习成绩,杨利伟把能找到的舱内设备图和电门图都找来,贴在宿舍墙上,随时默记。他还用小型摄像机把座舱内部的设备和结构拍下来,输入电脑，刻制了一个光盘，业余时间有空就放来看。这一来，他一闭上眼睛，座舱里所有仪表、电门的位置都清清楚楚地印在脑中；随便说出舱里的一个设备名称，他马上可以想到它的颜色、位置、作用；操作手册他都能背诵下来，如果遇到特殊情况，他不看手册也完全能处理好。这是一般人难以达到的标准，一般人难以达到的效果！类似这样的困难还有很多很多，但杨利伟就是凭着这种敢于挑战困难、不断钻研的精神，在一批优秀的宇航员中脱颖而出，成为中国第一位宇航员！

未来的竞争是学习能力的竞争，学习能力远比其他能力更为重要。只有不断学习的人，才能在竞争激烈的社会中立于不败之地，才能更好地完成本职工作，为企业的发展贡献更大的力量！所以，不管你是从哪所著名的高等学府出来的，都要不断地学习。"活到老，学到老"，高速发展的现代社会，需要每个人不断的学习新生事物。如果你不能与时俱进，不断地通过勤奋学习充实自己，提高自己的能力，那你很可能从一个"人才"变成企业乃至社会的包袱。

## 第九章　学会协作：提高团队意识，与团队一起成功

　　学会合作，善于合作，这是现代员工的必备品格，也是一个优秀员工的基本素质。任何伟大的事业都不是靠自己一个人做大的，合作是成就伟大事业的基本原则，而且可能是成就伟业的唯一途径，因为1＋1＞2。

恪守职业道德　提升职业素养
Keshou zhiye daode  tisheng zhiye suyang

## 1 摒弃不合时宜的个人英雄主义

在社会中,每个人或多或少都有些英雄情结,内心都会崇拜英雄或渴望成为一名英雄,然而当今社会不是个人英雄主义的年代,而是一个团队合作的时代。个人英雄主义是团队合作的大敌。如果你从不承认团队对自己有帮助,即使接受帮助也认为这是团队的义务,你就必须抛弃这一愚蠢的态度,否则只会使自己的事业受阻。

史蒂文不仅拥有出色的学历,而且在工作上也做出了很多成绩,他是公司辛勤工作的典范。他总是恪尽职守,专注手头的工作,老板对他所做的工作评价也很高。按照他的才能,他早就应该晋升到更高职位了,可他现在依然在原地不动。即使是最重要的主管职位似乎也不需要他那么多年的学习经历,不需要他10年来兢兢业业的工作,也不需要他为了追求一个能够充分发挥才干的职位而倾注的耐心。史蒂文不明白,为什么那些能力比他差的人都得到晋升,而他的职位却一直很低,连私人办公室都没有。造成这种状况的一个很重要的原因是:史蒂文不喜欢与人合作。他只是埋头自己的工作,不喜欢和大家交流。如果团队其他成员需要他的协助,他不是拒绝就是很不情愿地参与。有时他宁可事事亲历亲为,也不向同事寻求帮助。这样的孤军奋战,怎能成就大事?

## 第九章

**学会协作：提高团队意识，与团队一起成功**

现在，很多人脑海中都存在着个人英雄主义，总希望一个人单枪匹马干点什么出来。他们既不愿帮助别人，也不愿意别人帮助自己，以为只要凭借个人的力量就可以纵横职场。但是，现实却往往令他们非常失望。他们不但没有得到令人钦羡的成绩，相反却总是屡遭挫折。为什么会这样呢？因为作为一个个体，就算你才华横溢、无所不能，但一个人的能力毕竟是有限的，仅靠自己是很难创造出令人满意的业绩来的，失败也就在所难免。一个员工，如果仗着自己比别人优秀而傲慢地拒绝合作，或者合作时不积极，总想一个人孤军奋战，这是十分可惜的。他其实可以借助其他人的力量使自己更优秀。在员工职业道德建设中，合作才能不断成功。因此，我们必须抛弃单枪匹马闯天下的英雄主义做法。只有把自己融入到整个团队之中，凭借集体的力量，才能把个人不能完成的棘手的问题解决。篮球明星迈克尔·乔丹曾说："一名伟大的球星最突出的能力就是让周围的队友变得更好。"时代需要英雄，更需要伟大的团队。21世纪的竞争态势已经很明显，一个伟大的团队远远胜于英雄个人的作用。

一家文具销售公司招聘高层管理人员。经过一轮轮的筛选，最后剩下了12名优秀的应聘者闯进了最后的面试。

公司老总在详细看过了这12个人的资料和简历之后感到非常满意，但由于这次招聘最终只能聘请其中的三个人，于是给他们出了最后一轮面试的题目。老总先把他们随机分成了A、B、C、D四个组，每组3个人。他要求A组调查当地的小学生文具市场，B组调查中学生文具市场，C组调查大学生文具市场，而D组调查职高生的文具市场。老总让这四个组的成员全力以赴地展开调查，务必使报告更加完善。最后，老总还说，为了让这次的调查不至于盲目地展开，他让秘书准备了一些相关的资料，让各位成员自己去取。

3天后，四个组的成员都如约提交了自己的调查报告。老总看过后，直接把C组的三个成员留了下来，并告诉他们，他们已经被录取了。其他三个组的成员觉得很疑惑,自己的报告做得也还算不错,为什么单单留下C组的三个人呢?于是其中一个被淘汰的应聘人员就向老总询问原因。老总笑着说,"请大家打开秘书给你们大家的资料互相仔细地看一看吧。"

原来,老总发给每个人的资料是不一样的。每组的三个人得到的资料分别是文具市场的过去、现在和未来的分析。老总说,他之所以出这样一个题目,目的主要是让大家明白,团队合作的重要性。

C组的三个成员在领到资料之后,互相借用和学习,补全了自己报告上的不足之处。而其他几个组的成员都是独来独往,各自完成了自己的报告,没有一点团队合作的精神。老总还说,一个企业,除了需要能力强的员工,更加需要一个具有团队合作精神的员工,因为团队合作才是企业立于不败之地的保证。

由此可见,具有团队合作意识是多么的重要。无论是对于员工个人的职业生涯还是对于企业的未来发展,具有团队意识的员工才是公司真正愿意雇用的。在专业化分工越来越细、竞争日益激烈的今天,靠一个人的力量是无法面对千头万绪的工作的。一个人可以凭着自己的能力取得一定的成就,但是如果把你的能力与别人的能力结合起来,就会取得更大的令人意想不到的成就。因此,一个人是否具有团队合作的精神,将直接关系到他工作的成败。

一位年轻人到某广告公司上班的第一天,老板就要他为一家企业做一个广告策划方案。

接到任务的年轻人暗自高兴,这正是在老板面前大显身手的时候,一定要把自己的真才实学在策划方案中显示出来,用实力来证明自己。想到这里,他一心一意地认真做起来,他想独自完成这个策划,好让老板对自己刮目相看,于是,一个人不言不

## 第九章
### 学会协作：提高团队意识，与团队一起成功

语地独自做了半个月，但却没有弄出一个眉目来。看来，他过高地估计了自己的能力。显然，这是一件他一个人难以独立完成的工作。

其实，这是老板有意为之，老板交给他这项工作的目的，是为了考察他是否具备团队合作能力。谁知这位年轻人只知道埋头蛮干，即使有不明白的地方，也不请教同事和上司，更不懂得找同事合作一起来做，自然拿不出一个合理的方案来。

个人英雄主义在企业和组织是根本行不通的，作为个体，你可能会凭借自己的才能取得一定的成绩，但你很难取得很大的成功。在员工职业道德建设中，有许多人跟这位年轻人一样，不懂得与同事合作，只知道一头扎进自己的专业之中，生怕同事抢了他的功劳，就是不愿与同事有密切的交流。这样的人，仅靠自己单打独斗就想赢得事业的成功是不可能的，因为现在的社会信息千变万化，讲究的是资源共享，当你费了九牛二虎之力专业有所突破的时候，人家早已遥遥领先了，你的心血早已变成了明日黄花。一个人如果以这种态度置身于团体之中，那么其前途必将是黯淡的。

## 2

## 顾全大局，以团队的利益为重

现在无论是媒体，还是企业，都在谈"团队合作精神""团队精神"，但究竟什么是"团队精神"呢？团队精神反映的就是一个人与别人合作的精神和能力。没有人是万能的，合作才能成就卓越。作为团队中的一分子，我们唯有彼此扶持、彼此帮助，才能最终实现个人前途与企业共同发展的

"双赢"。

团队合作是个人成功的基础，团队越优秀，个人也就越成功，或者说成功的可能性越大。没有团队协作精神，个人也失去了成功的可能性。如果说企业是一部运转的大机器，那么员工就是这部机器中的一个零部件。机器运转不了，部件当然也就失去了存在的意义。换句话说，每个员工要成功，必须得保证企业的成功。"皮之不存，毛将焉附"？企业团队是第一位的，是基础，是平台，个人要依附这个平台，保护好、创建好这个平台，才有可能谈自身的发展。

有一个猎人，在湖沼旁张网捕鸟。不久，很多鸟都飞入了网中，猎人非常高兴，赶快收网准备把鸟抓出来，没想到鸟的力气很大，反而带着网一起飞走了，猎人只好跟在网后拼命追。一个农夫看到了，笑猎人："算了吧，不管你跑得多快，也追不上会飞的鸟呀。"

但猎人坚定地说："不，你根本不知道，如果网中只有一只鸟，我就真追不上它，但现在有很多鸟在网中，我一定能追到。"果然，到了黄昏，所有的鸟都想回自己的窝，有的要回森林，有的要回湖边，有的要回草原，它们各奔东西，于是就跟着网一起落地，被猎人活捉了。落网之初，众鸟为了活命，齐心协力，目标一致，得以逃脱，这是团队的力量。但是到了傍晚，众鸟各怀私念，合力为零，所以难逃厄运。

在团队中，每个成员都应该认识到，一个人的成功不是真正的成功，团队的成功才是最大的成功。那种"只顾自己，不顾集体"的员工，是不受领导和同事们欢迎的。一个优秀的企业必然拥有一个优秀的团队，一个优秀的团队也必然要求员工树立强烈的团队精神和合作意识。

曾经有记者采访世界首富比尔·盖茨时问他成功的秘诀。盖茨说：

## 第九章

**学会协作：提高团队意识，与团队一起成功**

"因为有更多的成功人士在为我工作。"众所周知，微软公司使数以万计的雇员成了百万富翁。可鲜为人知的是，他们中许多人在取得了经济独立之后，仍继续留在微软工作。在某些人看来，这些百万富翁大概是发了神经。的确，大多数人认为，发财就等于取得了辞职的资格证书。但是，微软公司的百万富翁们并不那样认为。那么，是什么神奇的吸引力，竟使这些百万富翁不因为自己经济的需要而如此卖命地工作呢？答案只有一个，那就是完全超越了自我的团体意识。这种团体意识，已在微软公司生根发芽。微软人认为，他们不属于自己，而是从属于微软这个团体。董事长比尔·盖茨在谈到团队精神时，讲过这样一段话："这种团队精神营造了一种氛围，在这种氛围中，开拓性思维不断涌现，员工的潜能得以充分发挥。"

事实上，每一个成功人士的背后都有一大批人在奉献。每一位知名企业家，幕后都有一个出色的团队；那些电影明星，身后都有制作团队；那些歌星，也都离不开音乐工作者和唱片公司的支持。这些人成功靠的不仅仅是自己的努力，更多的是大家的努力，所以有人说这是一个合作的时代。

在德国柏林东南部有一个德军战俘营。为了逃脱纳粹的魔爪，250多名战俘准备越狱。在纳粹的严密控制之下实施越狱计划，要求每个战俘最大限度地合作，才能确保成功。为此，他们进行了明确的分工。

越狱是一件非常复杂的事。首先要挖地道，而挖地道和隐藏地道极为困难。战俘们一起设计地道，动工挖土，拆下床板、木条支撑地道。处理湿泥土的方式更加令人惊叹，他们用自制的风箱给地道通风吹干泥土。他们还制作了在坑道运土的轨道和手推车，在狭窄的坑道里铺上了照明电线。所动用的工具和材料之多令人难以置信：5000张床板、1250根木条、2100个篮子、71张长桌子、5180把刀、60把铁锹、700英尺绳子、2000英

## 恪守职业道德 提升职业素养

尺电线，还有许多其他的东西。为了寻找和弄到这些东西，他们绞尽了脑汁。此外，每个人还需要普通的衣服、纳粹通行证和身份证以及地图、指南针和干粮等一切可以用得上的东西。担任此项任务的战俘不断弄来任何可能有用的东西，其他人则有步骤、坚持不懈地贿赂甚至讹诈看守。

每人都有各自明确的分工。做裁缝，做铁匠，当扒手，伪造证件，他们日复一日地秘密工作，甚至组织了一支掩护队，分散德国哨兵的注意力。纳粹雇佣了许多秘密看守，混入战俘营，专门防止越狱，所以掩护队还要负责"安全问题"。掩护队监视每个秘密看守，一旦有看守接近，就悄悄地发信号给其他战俘、岗哨和工程队员。

这一切工作，由于众人的密切协作，在一年多的时间内竟然躲过了纳粹的严密监视。他们成功地完成了这一切，最终获得了自由。

这次惊心动魄的"大逃亡"，可谓是团队协作的完美典范，此次活动任务之艰巨，涉及范围之广，令人难以想象。没有团队精神，个人工作干得再好也没用。只有团结协作、齐心协力才能最终成功。在公司中，一项工作任务的成功执行，往往要涉及方方面面，需要每一环节的人员积极配合，单靠个人的力量不可能独立完成，也不可能只凭个人的力量来大幅度地提升企业的竞争力，每个人所能实现的仅仅是企业整体目标的一小部分。因此，团队协同和完美配合已成为企业赢得竞争胜利的必要条件，只有依靠团队的力量，才能把个人的愿望和团队的目标结合起来，超越个体的局限，发挥集体的协作作用，产生1＋1＞2的效果。

# 第九章

## 学会协作：提高团队意识，与团队一起成功

小陈是一个大专学校的毕业生，刚来单位的时候，大家都对她不以为然。因为她个性大大咧咧，又不会打扮自己，还时不时地犯点小错误。连她的主管都说，这孩子脑袋不灵光。可是才过了一年，小陈就被提拔了两次，和她同时进公司的小李很不服气。他这一年来做事勤快，还带头攻克了不少难关，要说提拔怎么也该先轮到他啊。他走进了人事部的办公室，向人事部主任提出疑问。

人事部主任看出了小李的不满，就对他说："你们都说小陈不够资格，但是我却要说她很优秀。虽然她大大咧咧的，做事也不够细心，但是她活泼开朗，常常会主动帮同事们的忙，虚心向单位里的老前辈们学习。小陈还很年轻，工作上难免欠缺经验，但是这些都可以日后学习，她和大家相处得融洽和愉快，却是很多同龄人所无法做到的。"

在任何一家优秀的企业里，都非常推崇团队协作精神。要想获得成功，你就应该学会与人合作，而不是单独行动。因此也有人说，一个人是一条虫，两个人甚至多个人才可能是一条龙。在员工职业道德建设中，善于合作会让我们的工作和事业向前不断发展。一个人只有懂得合作的重要，才能最大限度地实现个人价值，绽放出完美绚丽的人生。

## 友善沟通，用包容化解冲突

"沟通从心开始"，这是中国移动一句耳熟能详的广告语，对于团队来说同样如此。团队沟通是随着团队这一组织结构的诞生应运而生的。团队沟通即为工作小组内部发生的所有形式的沟通。不少人一提起沟通就以为是要滔滔不绝地说话，事实上，职场沟通既包括怎样发表自己的看法，也包括如何倾听别人的意见。沟通的方式许许多多，除了面对面的直接交谈，一封简洁的 E－mail、一通热情的电话，甚至是一个双方目光接触的眼神都是沟通的手段。

某电信企业有一个呼叫中心，下设有若干班组。一天下班之后，班组长刚回到家，就接到班组成员小王的电话。

班组长："小王，你有什么重要的事吗？"

小王："组长，我男朋友病了，我想去看望他，明天请假一天。"

班组长："不行，你不知道现在每天的话务量很大吗？大家都忙不过来，我怎么能够批准你。"

小王："哼，你就是不批准，我也不会来上班的。"

后来，班长多次给小王打电话，小王就是不接。第二天，小王果然没有来上班。

班长考虑，如果记小王旷工的话对她影响会很大，但如果不记旷工，其他班组成员慢慢也会像小王那样，完全不把班组规章制度放在眼里，不把班组领导当回事。真有点左右为难，但最后班组长还是决定记小王为旷工，结果小王愤而离职。

小王请假的案例里就存在沟通障碍的问题。其实,解决这样的问题正需要通过真诚的沟通来解决。当小王向班组长请假时,班组长应首先和颜悦色地表示尊重她的要求,心平气和地告诉她为什么目前不允许请假的道理,并听取她的意见,商议能不能推迟请假的时间。如果她非请不可,就明确地告诉她班组长将会按照班组制度来行事,做到把丑话说在前面。这样,小王就会掂掂分量,不会轻易地一气之下一走了之了。

与团队成员相处难免会有意见不合的时候,如果对方批评自己的过错,应欣然接受,并请对方清楚说明,被人责怪难免自己有三分错,所以当别人纠正自己的错误时,千万要虚心接受。当工作场所出现类似不和谐的音符时,最好在事态恶化之前予以化解。同时,考虑一下,如果亲力亲为效果不好的活,能让外人帮忙也不错。千万不要一味强调自己的感受,有些时候受点委屈也不是什么大不了的事。毕竟团队成员相处的时间是很长的,为了有个好的工作环境做点儿牺牲也是可以容忍的。在解决职场冲突的时候,一定要放下"赢过对方"的想法,而应努力争取双赢。要知道,你所面对的可不是一个非要拼出个你死我活的情况,而是要保护你和团队成员之间的正常的和平的关系。

团队成员发生冲突时,如果你要能控制住自己的情绪,然后才能理智地做出决定,思考接下来要怎么办。为了顺利解决职场冲突,你首先要尽量去理解事情的起因。当然,这句话说起来肯定要比做起来容易得多。不过,却是非常重要的一步。有很多潜在的原因可能会引起团队成员间的冲突,其中以个性差异、个人行为、价值观和目标冲突、观点或工作道德伦理差异最为常见。无论你所面对的是哪种,你都得把它找出来,为了真正解决冲突而勇敢地面对你们之间的问题。

有的时候你可能会觉得那些冲突不过都是些鸡毛蒜皮的小事,根本不需要担心。如果真的是这样,那就让它过去好了。就像俗语说的那样,让"大事化小,小事化了"。可是大部分时候,你还是希望能够在冲突恶化之前就能将至解决掉。在这种情况下,如果在就你们之间的冲突的问题进行交流的时候,你能采用团队成员愿意接受的沟通方式,而不是你能接受的,那么你的努力很大程度上会得到回报的。所以,如果团队成员不喜欢拐弯抹角,那么就对他直截了当。而如果他喜欢委婉一些的说话方式,就不要把问题直接跟他摊开。职场专家认为,人们在采用自己喜欢的沟通方式时,比较容易听进去对方的话。

刚开始工作的小李,在一家企业干了一段时间觉得压力太大,产生了畏难情绪,于是找到班组长老林提出辞职。班组长老林当时没有答应他,只说:"难道你想以一个失败者的形象离开公司吗?"鼓励小李将最困难的事项列成清单交到班组车间。随后,班组长老林主动帮小李解决了清单上的各种问题,并每周主动约小李下班后沟通思想。这之后小李进步很快,过了半年,班组长老林再次问小李是否还想辞职时,小李显得很不好意思了。这时,班组长老林告诉小李:"如果当时让你走了,虽然你可以到其他企业从头干起,但会给你的组员造成不好的影响。再说,你没能持续而完整地在这里积累管理经验,也是个很大的遗憾。另一方面,车间一时也找不到合适的人来。如果当时你真走了,这说明我们的管理肯定存在严重问题,是我们的失职呀!"

老林的做法既是对小李负责,也是对企业负责。有责任心的干部才会这样留住人才。美国心理学家佛格森曾说:"每个人都有一扇无论晓之以理还是动之以情都无法从外面打开的门。"靠强势压人式的管理,由于在这过程中员工往往不被理解而本能地产生抵触情绪和对抗行为,结果往往是压而不服。而真诚沟通式的管理,通过晓之以理的互动交流,使得各自对对方都有一个比较全面的了解,就容易求同存异,顺从管理。具体来讲,还有下面的四个技巧:

(1)为他人着想。

不要事事都从自己的角度考虑。如果有任何问题或者遇到什么问题,先从别人的角度想一想,看看怎样能让他人更加方便。这样的人在团

队当中会很受欢迎,同时也更有亲和力,而亲和力对于团队合作来说是很重要的。

(2)做好自己的事情。

在团队合作中,最起码的事情就是把自己的事情做好,由于整个团队的任务是有分工的,分配给自己的任务要做好,并且按时。因为只有这样,你才能不给别人带来麻烦。在这个前提下,再去帮助别人,就很好了。如果自己的事情都做不好,却去操心别人的事情,就有点轻重不分了。

(3)信任你的伙伴。

身为团队成员,你要相信你的伙伴,相信他们能够与你协调一致,相信他们会理解你、支持你。一个团队只有在信任的氛围中才可能高效地工作,如果大家都相互猜忌、互不信任,那么分工就不可能,因为总有一些任务依赖于别的任务;同时猜忌的气氛让每一个人都不能全心投入到工作中去,也不利于成员们工作能力的发挥。

(4)愿意多付出。

付出并不是什么坏事。多做一些,可以让团队的工作进展更快,你也能得到更多的好评,能力上也有提高,何乐而不为呢?当然也不是付出的越多越好,如果所有的事都让你自己做了(虽然这一般是不可能的),其他人一定会有意见的。

## 4

## 精诚团结,与团队成员相互扶持

在职场上,任何人的工作,都不是孤立存在的。你做的任何工作,都存在着直接或间接地与团队成员合作的关系,即使你自己的工作能力再强,如果公司就剩你一个人了,你照样无法立足。团结是各项工作成功的根本保证。能不能搞好团结,是衡量和检查一个职场人素质高低的重要标志。如果你只顾埋头苦干,不肯与他人协作,势必会影响公司整体工作的推进。所以说,精诚合作的"团队精神"是使公司立于不败之地的法宝,是使公司和自己走向辉煌的最有力保证。

　　非洲大陆上有一种甜瓜,它是土豚的最爱。然而土豚并不是吃了之后就拍拍屁股走人,它还要把自己的粪便用泥土埋起来,因为那粪便中混有未消化的甜瓜种子。就这样,土豚"种"下了很多甜瓜,那些种子有土有肥,来年会结出更多的甜瓜,土豚就有了更多的食物。土豚和甜瓜互利互惠,彼此都得以繁衍生息下去。

　　淡水龙虾被捉住后放在高高的直立而光滑的桶里,但要是不盖盖子,它们还真能逃走。为什么呢?仔细观察,你就会发现,原来它们一个顶着一个组成了一架长长的"虾梯",齐心协力地摆脱即将成为人类美餐的噩运。

　　在职业生涯的过程中,一定要牢记与人合作共赢的道理。看看这些自然界的例子。我们不难理解。束缚我们的并不是外界的客观因素,而是我们自己那颗不肯与人方便不肯与人共利的心。现代社会作为一个高度分工的社会,流程化作业、精细化分工和分解式劳动使分工和合作成为我们这个时代的主流。因为这种分解,复杂的事情变得越来越简单,简单的事情变得越来越很容易,我们做事的效率也效果倍增,世界正逐步向简单化、专业化、标准化发展,于是合作的方式就理所当然地成了这个时代的主流。如果说工作是一部大机器,员工就好比是每个零件,只有各个零件凝聚成一股力量,这台机器才可能正常启动,只有每一个员工的完美合作,才能有企业的最终成功。

## 第九章

学会协作：提高团队意识，与团队一起成功

在雅典奥运会上，中国女排在冠军争夺赛中那场惊心动魄的胜利恰恰证明了这一点。2004年8月11日，意大利排协技术专家卡尔罗·里西先生在观看中国女排训练后认为，中国队在奥运会上的成败很大程度上取决于赵蕊蕊。可在奥运会开始后中国女排第一次比赛中，中国女排第一主力、身高1.97米的赵蕊蕊因腿伤复发，无法上场了。媒体惊呼：中国女排的"长城"坍塌。中国女排只好一场场去拼，在小组赛中，中国队还输给了古巴队，似乎国人对女排夺冠也不抱太大希望。

然而，在最终与俄罗斯争夺冠军的决赛中，身高仅1.82米的张越红一记重扣穿越了2.02米的加莫娃的头顶，砸在地板上，宣告这场历时2小时零19分钟、出现过50次平局的巅峰对决的结果。经过了漫长的艰辛的20年以后，中国女排再次摘得奥运会金牌。

女排夺冠后，中国女排教练陈忠和放声痛哭两次。男儿有泪不轻弹，个中的艰辛，只有陈忠和女排姑娘们最清楚。那么，中国女排凭什么战胜那些世界强队，凭什么反败为胜战胜俄罗斯队？陈忠和赛后说："我们没有绝对的实力去战胜对手，只能靠团队精神，靠拼搏精神去赢得胜利。用两个字来概括队员们能够反败为胜的原因，那就是团结。"

一个人只有把自己融入到团队中去的人才能取得大的成功。在专业化分工越来越细、竞争日益激烈的今天，靠一个人的力量是无法面对千头万绪的工作的。一个人可以凭着自己的能力取得一定的成就，但是如果把你的能力与别人的能力结合起来，就会取得更大的令人意想不到的成就。

一则故事说：师傅给弟子六个苹果，问：你现在拥有六个苹果，你准备怎么做呢？弟子思索后回答：我一天吃一个，不会一次吃完。师傅听了说：你为什么要把六个苹果全部自己吃了呢？你吃了六个苹果也只是吃到了一种味道，那就是苹果的味道，可是如果你把六个苹果中的五个拿出来给别人吃，尽管表面上你失去了五个苹果，可是你会收获到五个人的友情和好感，更或者这五个人会还给你五种不同的水果，让你品尝到五种不同的味道！师傅的一番话让弟子茅塞顿开。

那么，你的苹果给了谁呢？如果换做是你，你会自己吃了这六个苹果还是拿出来与人共享呢？"一个篱笆三个桩，一个好汉三个帮"，仅仅依靠一个人的力量是不可能完成任务的。一项任务是多方面、多环节的，每个人在各自的岗位上为了统一目标而努力，缺少任何一个环节都难以连接整个链条，只有每个人都各司其职、各尽所能，才能确保顺利地完成任务达成目标。

做好合作，仅仅有合作意识还是不够的，还需要找到与团队成员合作方法和技巧。只有掌握了技巧，才能让合作更有效率。怎样与其他成员合作呢？可以从以下几个方面去做：

(1)欣赏，学会欣赏、懂得欣赏。很多时候，同处于一个团队中的工作伙伴常常会乱设"敌人"，尤其是大家因某事而分出了高低时，落在后面的人的心里就会很容易酸溜溜的。所以，每个人都要先把心态摆正，用客观的目光去看看"假想敌"到底有没有长处，哪怕是一点点比自己好的地方都是值得学习的。欣赏同一个团队的每一个成员，就是在为团队增加助力；改掉自身的缺点，就是在消灭团队的弱点。

(2)尊重，无论新人或旧人。尊重没有高低之分、地位之差和资历之别，尊重只是团队成员在交往时的一种平等的态度。平等待人，有礼有节，既尊重他人，又尽量保持自我个性，这是团队合作能力之一——尊重

的最高境界。

（3）宽容，让心胸更宽广。美国人崇尚团队精神，而宽容正是他们最为推崇的一种合作基础，因为他们清楚这是一种真正以退为进的团队策略。雨果曾经说过，"世界上最宽阔的是海洋，比海洋更宽阔的是天空，而比天空更宽阔的则是人的心灵。"这句话无论何时何地都是适用的，即使是在激烈竞争的职场上，宽容仍是能让你尽快融入团队之中的捷径。

（4）信任，成功协作的基石。美国管理者坚信这样一个简单的理念：如果连起码的信任都做不到，那么，团队协作就是一句空话，绝没有落实到位的可能。人们在遇到问题时，会首先相信物；其次是相信自己和自己的经验，最后，万不得已才相信他人。而这一点，在团队合作中则是大忌。团队是一个相互协作的群体，它需要团队成员之间建立相互信任的关系。

（5）负责、自信面对一切。负责，不仅意味着对错误负责，对自己负责，更意味着对团队负责、对团队成员负责，并将这种负责精神落实到每一个工作的细节之中。一个对团队工作不负责任的人，往往是一个缺乏自信的人，也是一个无法体会快乐真谛的人。

（6）诚实，不容置疑。古人说：人无信则不立。说的是为人处世若不诚实，不讲信用，就不能在社会上立足和建功立业。一个个体，如果不讲诚信，那么他在团队之中也将无法立足，最终会被淘汰出局。诚信，是做人的基本准则，也是作为一名团队成员所应具备的基本价值理念——它是高于一切的。

（7）超越自我的团队意识。强调团队合作，并不意味着否认个人智慧、个人价值，个人的聪明才智只有与团队的共同目标一致时，其价值才能得到最大化的体现。成功的团队提供给我们的是尝试积极开展合作的机会，而我们所要做的是，在其中寻找到我们员工职业道德建设中真正重要的东西——乐趣——工作的乐趣，合作的乐趣。团队成员只有对团队拥有强烈的归属感，强烈地感觉到自己是团队的一员，才会真正快乐地投身于团队的工作之中，体会到工作对于人生价值的重要性。

（8）永远不要抛开你的队友。杰克·韦尔奇有句关于团队的名言：你可以拿走我的企业,但不能拿走我的团队,只要我的团队在,我就能再开创一个更加辉煌的企业。这是通用的路标,也是我们现代企业中生存必须秉持的原则。现代企业需要协调不同类型,不同性格的人员共同奋斗,如果你不是一个领军型人才,如果你缺乏一定的合作精神,那么,你的晋升之路将倍加坎坷,甚至遥遥无期。

## 5 不做团队中的"短板"

管理学中有一个著名的"木桶理论":木桶的主要作用是用来盛水;一个由多块木板构成的木桶,其价值在于其盛水量的多少;但真正决定木桶盛水量多少的关键因素不是其最长的木板,而是其最短的木板。对于一只桶壁长短不齐的木桶来说,其中的某一块木板或者几块木板再高都没有用,突出的木板一样不能盛水,反而是最短的那块木板制约着木桶的盛水量。这块短板本身是有用的,只是因为"发展"得没有其他木板那么好,个体的落后就影响了整体的实力。

很多学者都在研究解决如何把企业最短的那块木板变长。例如,企业的生产能力、研发能力比较突出,是长板;而企业的营销能力相对较差,造成产品积压,那么营销能力就成为短板。这时,管理专家就要考虑如何解决营销问题。或者,企业销售不错,但扩大生产所需资金是企业发展的软肋,成为短板,那么企业上上下下就会围绕着解决资金问题而努力……

在团队中,每个成员都要尽量不做"短板",不要因为自己的因素影响整体的成绩。整体的素质要想得到提高,必须是每个成员的素质都得到了提高,尤其是那些"短板"。对于一个团队来说,最大的"短板"莫过于有几个极具破坏力的员工了,只有把这些人彻底从企业中清除出去,才能提

## 第九章
### 学会协作：提高团队意识，与团队一起成功

高组织的工作效率和经济效益。在任何一个团队中，都不可避免地存在着这样几个"短板"的人物，他们存在的目的似乎就是为了把事情搞糟。最糟糕的是，他们就像苹果箱里的烂苹果，如果你不及时处理，它就会迅速传染，把苹果箱里的其他苹果也弄烂。

丹尼斯·罗德曼是一个篮球运动员，在他的职业生涯中，他先后效力过5支球队——底特律活塞队、圣安东尼奥马刺队、芝加哥公牛队、洛杉矶湖人队和达拉斯小牛队。除了在湖人队和小牛队罗德曼是混饭吃之外，在前三支球队，罗德曼都有足够的能力"不辱使命"。

1986到1993年，罗德曼在底特律活塞队度过了7个赛季：虽然在兰比尔等人的教导下，他打球不够光明磊落，并且为自己赢得了"坏孩子"的称号，但他尽自己最大的能力为球队做出了贡献，所以底特律活塞队时期的罗德曼，是球队团结稳定、积极向上的一个因素。然而，在1993年，罗德曼转会到马刺队的时候，事情发生了变化：虽然罗德曼的到来使球队变得更加强大，但他的特立独行、唯我独尊让马刺队吃尽了苦头。

他最"不耻"三类人，或者说他把三类人看成自己的敌人：首先是戴维·斯特恩——NBA的总裁。因为斯特恩要维护NBA的形象，不允许罗德曼为所欲为，对罗德曼的很多行为都会给予处罚。这让罗德曼很不高兴，他认为斯特恩干涉了他的自由，所以他就要和他对着干。

第二类人是马刺队当时的主教练希尔，以及对球队指手画脚的球队总经理波波维奇。因为，他们希望驯服罗德曼，使罗德曼听从指挥，在球场上更大地发挥作用。但当时的罗德曼已经获得了两个总冠军，自视极高，他甚至希望教练听从他的指挥，这种矛盾便不可调和了。

恪守职业道德 提升职业素养

第三类人是戴维·罗宾逊等球员。罗宾逊是马刺队的绝对核心和精神领袖,工资比罗德曼高很多。但罗德曼认为罗宾逊是高薪低能,在关键比赛中总会"拉稀"。反而是自己这种能"左右"比赛胜负的选手不受重用,挣的钱还很少。事实上,罗德曼无论在活塞队,还是在马刺队,以及在公牛队,他挣得钱都不和他的名声成正比。

在这种思想驱使下,罗德曼成为球队中的不稳定分子,也可以说是一个破坏者。在1994～1995赛季季后赛的第二轮比赛中,马刺队对阵湖人队的第三场比赛中,罗德曼在第二节被换下场,当时他很不满,在场边脱掉球鞋,躺在记者席旁边的球场底线前。暂停的时候,罗德曼也不站起来,不到教练面前听讲战术。后来,马刺队输掉了那场比赛。

当时,摄像机一直对着罗德曼。球赛节目播出后,马刺队的管理层大为光火,联想到罗德曼平时的所作所为,他们认为罗德曼已经严重影响了球队的团结,于是决定对罗德曼禁赛。在随后的比赛中,马刺队团结一致,将湖人队淘汰出局。

从结果来看,马刺队对罗德曼禁赛的决策是正确的。一个球队也是一个团队,不能因为员工在某一方面突出就可以忽视整个团队的利益,当然,也不能因为他的懈怠而阻碍团队前进的步伐。

团队组织系统往往是脆弱的,是建立在相互理解、妥协和容忍的基础上的,它很容易被侵害、被毒化。任何时候,那块最短的木板都会阻碍团队的发展。如果你不幸正好成了那块"短板",也不要自暴自弃,你完全可以通过有针对性的学习,把自己的短板变成长板。

在一个团队中,整体的素质要想得到提高,必须是每个成员的素质都得到了提高,尤其是那些"短板"。我们相信,没有哪一个成员会希望自己成为阻碍企业发展的那块"短板",或者希望因为自己的因素影响整体的成绩。所以,个人或组织的成长都局限于"短板"。个人的"短板"阻碍着你前进的步伐,组织的"短板"使整个团队的发展受到限制。作为个人,只有补长"短板",才能进步;作为组织,需要的是成员提升自己,以提升团队整体执行力。

## 6 融入团队才能与团队共赢

随着竞争的日趋激烈,团队精神已经越来越为公司和个人所重视,因为这是一个团队的时代。无论是从公司发展还是从个人发展方面,你都不能脱离团队而且必须融入团队中去。一个人再完美,也就是一滴水,而一个优秀的团队就是大海。作为个体,只有把自己融入整个团队之中,凭借团队的力量,才能把自己单独不能解决的棘手问题解决好。

佛家有一个很著名的故事:一次释迦牟尼在给弟子们讲授佛法时,突然提出了"怎样才能让一滴水永不干涸?"这个问题。大家沉思良久,都不知如何作答,最后还起佛祖本人给出了答案:"把它放进大海里吧!"

如果从职场角度来看,这个答案恰好解释了个人与团队的关系。一滴水的单独存在微不足道,一阵风、一点阳光,甚至可能人们随手轻轻一碰,就能让它从这个世界彻底消失。可要是这滴水进入了大海,那情况就大不一样。它不仅不会干枯,更有可能借助大海的力量去创造奇迹,和大海一起掀起滔天巨浪,无所不能。在员工职业道德建设中,个人要想实现自己的目标,必须要懂得合作,并在合作中实现共赢的目的。一滴水要想不干涸的唯一办法就是融入大海,一个员工要想生存的唯一选择就是融入团队。而要想在员工职业道德建设中快速成长,就必须依靠团队,依靠集体力量来提升自己。

刘军是一名营销专业的大学生,他不仅长得帅,而且还能说会道,口才不错。毕业后,他在一家大型健身会所当业务员。工作没多久,由于他各方面的优势,很快就做出了业绩,深得老板赏识。照理说,刘军是很有前途的,但他有个致命的缺陷,就是不能和同事合作。一天,同事杜涛问刘军:"你待会儿有没有时间?我刚联系到一个客户,是个大客户,打算一次性办三年的健身卡。我怕自己口才不大好'攻'不下来,想请你帮忙,以便拿下这个客户。""我待会儿也要接待一个客户。"刘军冷冷地说。但是那天下午,刘军却一直在发传单,并没有与客户洽谈。杜涛看到后心里非常愤恨,一心想团结周围的"兄弟"们把刘军"驱逐"出去。

不久后,刘军也遇到了工作上的困难,因为感冒,他几天都无法接待办卡客户,便赶紧打电话请杜涛他们帮忙接待一下。杜涛想起了他以前的冷漠,便以牙还牙,而其他同事也对刘军的客户爱搭不理。几天后,刘军感冒好了,回到公司后发现业绩损失很大,于是他对同事们产生了更大的怨恨,以后更加不愿意帮周围人的忙,和杜涛等人的关系一直处于紧张状态。就这样,刘军与同事之间的人际关系形成恶性循环,业绩一步步下滑。他感受不到一点快乐,每次进会所都备感压抑,最后只得无奈地选择了离开。

刘军的"离开",再一次印证了一个道理:不能与团队融合,就不能在职场混下去。那种只顾自己、不顾别人的员工,是不会受老板和同事的欢迎的。想要得到同事的认可、上司的欢迎,除了努力工作之外,团队精神

## 第九章
### 学会协作：提高团队意识，与团队一起成功

不可或缺。如果刘军一开始就能和同事们配合好，在杜涛需要帮助时主动帮忙，那么他的最终结果就不会那样无奈。

在员工职业道德建设中，只有把自己很好地和团队融为一体，才能让自己得到最好的发展。这就好比一盘散沙，尽管它金黄发亮，也仍然没有太大的作用。但是如果建筑员工把它掺在水泥中，就能成为建造高楼大厦的水泥板和水泥墩柱；如果化工厂的员工把它烧结冷却，它就变成晶莹透明的玻璃。单个人犹如沙粒，只有与人合作，才会发生意想不到的变化，成为不可思议的有用之才。

作为公司的一员，只有把自己融入整个公司之中，凭借整个团队的力量，才能把自己所不能完成的棘手的问题解决好。明智且能获得成功的捷径就是充分利用团队的力量。正如 IBM 人力资源部经理所言："团队精神反映了一个人的素质，一个人的能力很强但团队精神不行，IBM 公司也不会要这样的人。"在大公司里，一个人如果不懂得取他人长补己之短，那么就无法得到领导的赏识。相反，如果人人都能够懂得"一滴水，只有融入大海，才永远不会枯竭"，把自己充分地融入到整个企业、整个市场的大环境当中，那么就一定能够充分发挥自己的才能，从而创造出更大的价值，实现自己的人生价值！

做一名员工，一定要深刻认识到，只有企业先成功了，才有我们个人的成功。企业和员工的利益是一致的，因为个人的创造力、竞争力以及主动精神，才是现代企业竞争中最重要的资源。

## 第十章　奉献社会:乐于奉献是员工职业道德的最高形式

　　敬业是奉献的基础,乐业是奉献的前提,勤业是奉献的根本。在奉献前必须做好本职工作,把本职工作做完善,而不是敷衍了事、得过且过、做一天和尚撞一天钟地混日子。许多事实告诉我们,凡是为社会多做贡献的人,个人的价值也会得到充分的体现,即对社会的奉献越大,社会对个人的回报也就越多。

## 1

## 工作就是服务社会

　　服务社会是一笔财富。一份付出,一份收获。有付出才会有收获,在服务社会中可以学到在书本中学不到的知识,它让你开阔视野,了解社会,深入生活,无限回味。对员工来说,工作就是服务社会。工作是人类的生存状态。就像猫生来要捕捉老鼠,蜘蛛要结网,蜜蜂生来要采蜜一样,人生来就要工作。不管是好工作还是坏工作都是上天的恩赐,不仅因为工作是我们取得生存最基本的物质条件之一,更重要的是工作是我们实现自我人生价值的途径之一。我们每个人的能力与价值都需要通过工作才能体现出来,在工作中获得完善和提高。哪怕你是旷世奇才,没有了工作的平台,你的才能也只能储存在体内没法发挥出来。可以这么说,你在这个世界上将选择什么样的工作,今后如何对待工作,从根本上说,不是一个关于做什么事和得到多少报酬的问题,而是一个关于生命的意义的问题。

　　《圣经》上说"工作是神的意志"。其实,不仅仅是这样,工作更是我们生命的意义所在。在物质社会中,工作是大多数现代人赖以生存的基本形式之一。主观的工作愿望与工作实践是客观地解决个体生存和社会发展必不可少的原动力。工作对我们有着非常重要的意义,我们的能力,我们的才华,我们的价值,都必须通过工作来体现。工作是人们生活中不可或缺的一部分,工作不仅能让你养活自己,还能养活你的精神世界。人的一生就是一场寻找生存意义的旅行,工作可以帮我们成就此事。

# 第十章

## 奉献社会：乐于奉献是员工职业道德的最高形式

春美从进公司的那天起，就一直在心里抱怨：薪水太少，职位太低，事情太杂，关系太乱。在她的眼中，自己所做的事情就不是人该干的。春美最大的梦想就是嫁个有钱人，做个全职太太，不用工作，衣食无忧，每天只负责吃喝玩乐。

美貌有时不仅是一种资源，也是一种运气。春美终于实现了自己的理想，成了一位不用再为钱而工作的阔太太。经历了最初的新鲜与刺激后，每天面对几乎同样内容的奢华生活，春美忽然很怀念起当初在公司打拼的日子：虽然辛苦，虽然有时会被主管与同事刁难，但绝对不会感到空虚无聊。回想起来，那时虽然不知道下一次会面对什么工作难题，也不清楚会不会招来别人的暗算，可每天晚上一躺下就能睡得很香甜。反倒是现在的生活会让她时不时地彻夜难眠，偶尔还会担心失去眼下的这一切。具体为什么，自己也说不清楚。

做了两年全职太太后，春美还是决定"重出江湖"。她开了一家小而精致的精品屋，原本可以雇一个店员的，但她却坚持自己来打理所有的事项。这样一来，她比以往任何时候都显得忙碌。可这回她不再抱怨，甚至还乐在其中。有人问她为什么要自讨苦吃，还以苦为乐，她笑得很开心："苦吗？我不觉得啊。知道不？工作中的女人才美丽。"

工作是每个人生命中最重要的组成部分，是人生成功的基础。只有把工作当成自己一生的事业，你才能全身心地投入进去，才能享受到工作的乐趣，感悟到工作的真谛。工作能够给人信心，让人的生命更具意义。工作给人带来充实，让人不至于整天无所事事。工作是一粒多情的种子、一片肥沃的土壤，只要你播种，就会萌芽、就会收获。它不仅能使我们赚到养家糊口的薪水，还能锻炼我们的意志、拓展我们的才能、完善我们的人格等等，并最终让我们赢得社会的尊重，实现自己的价值。

约翰·洛克菲勒曾对工作做过这样的注解:"工作是一个施展自己才能的舞台。我们寒窗苦读来的知识,我们的应变力,我们的决断力,我们的适应力以及我们的协调能力都将在这样的一个舞台上得到展示。"其实,每个工作都承担着一定的社会职能,都是从业人员在社会分工中所获得的扮演角色的舞台。每个人不仅可以通过工作获取生活的物质来源,而且还能够履行自己的社会职能,获得他人的认可和尊重。

职场成功人士都做过 N 份工作。成龙跑过龙套,周杰伦做过服务生,方文山做过修理工。就算你是人才,老板喜欢你,想培养你,他也会让你先从基层干起。这样才有坚实的基础。比如麦当劳有个不成文的规矩,凡准备提拔当地区总裁的人员都要先扫一个月厕所,要先在基层干一段时间。不管你是什么学历,也不管你是哪所名牌大学的高才生,都要从服务员干起。

小周是一位颇有才华的大学生,毕业后进入了一家大企业工作,不但薪水高,福利还好。同学们都很羡慕。但小周对待工作总是不太用心,常常不好好工作。他认为:"这不是我的公司,我没有必要为老板拼命。如果是我自己的公司,我相信自己会像老板一样夜以继日地工作,甚至会比他做得更好。"一年以后他自己开办了一家事务所。小周对朋友说:"我会很用心地做好它,因为它是我自己的。"但不到半年小周就关闭了公司,重新去为别人工作。他说:"自己开公司太麻烦,太复杂,根本不适合我的个性。"三年下来,小周的同学都逐渐成为所在公司的得力干将,而他由于缺乏用心却不断地换着工作,一事无成。

三百六十行,行行出状元,所以不能说什么工作好什么工作不好。不过,即使好工作如果不好好干也照样没有前途。工作犹如在银行里储蓄,你努力了、尽责了、付出了,你就可以享受你的储蓄,获得愈来愈大的支取的权利。如果你不努力、不尽责,而只想支取,势必造成透支,透支欠下的

债是早晚要还的,没有人能逃避为此付出代价。

当你选择了一份工作时,你也在选择一种生活方式:你可以选择马虎地把工作干完,让别人在背后指责你;也可以选择把工作做得漂漂亮亮,用行动赢得别人的尊重和赞赏。只有懂得好好工作,服务社会的人,才不会被工作抛弃;只有懂得工作,服务社会,我们才会全力以赴,实现自己的工作价值和人生追求。

## 用感恩的心去对待工作

感恩是一种处世哲学,是员工职业道德建设中的大智慧。人生在世,不应该遭遇一点磨难就怨天尤人,种种失败和无奈都需要我们勇敢面对。只有对生活充满感恩,才能跌倒了再爬起来,重新打造我们幸福美好的生活。成功学家安东尼说:"成功的第一步就是先存有一颗感恩之心,时时对自己的现状心存感激,同时也要对别人为你所做的一切怀有敬意和感恩之情。领袖的责任之一便是说谢谢。"

工作得好与坏,完全是心态使然。怀着一颗感恩的心面对工作时,工作不再是痛苦、不再是负担。工作还是那份工作,改变的是心态!感恩的心,使我们对周围的点滴关怀都怀有强烈的感激之情,这使我们不仅工作得更加愉快,所获得的帮助也更多,工作也更出色。由此,我们的人生将变得更加美好。

满怀感恩去工作,并不仅仅有利于公司和老板,"感激能带来更多值得感激的事情。这是宇宙中的一条永恒的法则。"班尼迪克特说:"受人恩惠不是美德,报恩才是。当人拥有感恩之心的时候,美德就产生了。"不要以为工作是平淡乏味的,当你满怀感恩之心去工作时,你就很容易成为一个品德高尚的人,一个更有亲和力和影响力的人,一个有着独特的个人魅力的人。你要相信:感恩将为你开启一扇神奇的力量之门,发掘出你无穷的潜力,迎接你的也将是更多、更好的工作机会和成功机会。

据说在法国一个偏僻的小镇上,有一个特别灵验的水泉,据说可以医治百病。有一天,一个拄着拐杖,少了一条腿的退伍军人,一跛一跛地走过镇上的马路。旁边的镇民带着同情的口吻说:"可怜的家伙,难道他要向上帝祈求再给他一条腿吗?"这句话被退伍军人听到了,他转过身对他们说:"我不是要向上帝祈求有一条新的腿,而是祈求上帝帮助我,教我没有一条腿之后,也知道如何生活。"

心存感恩,才能收获更多的幸福和快乐,才能摒弃没有任何意义的怨天尤人。心存感恩,能让我们更加珍惜身边的人和物,让我们渐渐麻木的心发现生活本是如此丰厚而富有,才更能领悟命运的馈赠与生命的激情。像那位退伍军人一样,接纳你所失去的,感激你所拥有的,你就会更加热爱自己和他人的生命,更加珍惜现在所拥有的一切。感恩犹如心灵的泉水,它滋润心田,免于干涸;它近在咫尺,唾手可得,让我们的生命充满生机,洋溢朝气。当我们用感恩的心来看这个世界时,就会觉得我们是多么富有!树上小鸟的轻唱,路旁花朵的芳香,甚至一丝阳光,一阵清风,一片绿茵,都会让我们心旷神怡,体验到自然与生命的美丽。一个心存感恩的人,是天下最富有的人,而一个不知道心存感恩的人,即使家财万贯,也是个贫穷的人。

# 第十章

## 奉献社会：乐于奉献是员工职业道德的最高形式

程序员史蒂文斯在一家软件公司干了八年，正当他干得得心应手时，公司倒闭了。这时，又恰逢他的第三个儿子刚刚降生，他必须马上找到新工作。

有一家软件公司招聘程序员，待遇很不错，史蒂文斯信心十足地去应聘了。凭着过硬的专业知识，他轻松地过了笔试关。两天后就要参加面试，他对此充满了信心。可是面试时，考官提的问题是关于软件未来发展方向的，他从来没考虑过这方面的问题，他被淘汰了。

不过这家公司对软件产业的理解让他耳目一新。他给公司写了一封感谢信："贵公司花费人力物力，为我提供笔试、面试的机会，我虽然落败了，但长了很多见识。感谢你们的劳动，谢谢！"这封信经过层层传阅，后来被送到总裁手中。

三个月后，史蒂文斯却意外地收到了该公司的录用通知书。原来，这家公司看到了他知道感恩的品德，在有职位空缺的时候自然就想到了他。这家公司就是美国微软公司。十几年后，史蒂文斯凭着出色的业绩成了微软的副总裁。

作为企业的一员，感恩是一个员工优秀品质的重要体现，只有心怀感恩，才能快乐工作；才能珍惜岗位，爱岗敬业，勤勤恳恳做事，踏踏实实做人；才能免除浮躁，去掉私心，不会过多地计较个人的得失，把自己全身心的融入到集体的大家庭之中。当然，你的努力与付出也会得到回报，你的诚信与尊严将得到大家的认可，你对自己的工作会更有成就感，你会感觉你的生命更加灿烂，生活更加充实。感恩既是一种良好的心态，又是一种奉献精神，当你以一种感恩的心情工作时，你会工作得更愉快，你的工作会更出色。当你心怀感激，忠心地为公司工作时，公司也一定会为你设计更辉煌的前景，提供更好的发展机会。

感恩是美好的字眼，它不花一美元，只要你虔诚地给予，这项投资会给你带来意想不到的收获。你的人格魅力会罩上谦逊的光彩;你无穷的智慧将被源源不断地挖掘出来;它还可以给你开启一扇神奇的力量之门。

现在越来越多的员工,常常满腹牢骚,抱怨这个不对,那个不好。在他们眼里只有自我,恩义如杂草,他们贫乏的内心不知道什么是回报。工作上的不如意,似乎是教育制度的弊端造成的;把老板和领导的种种言行视之为压榨。正是那种纯粹的商业交换的思想造成了许多公司老板和员工之间的矛盾和紧张关系。但是,没有老板也就不会有你的工作机会,从这个意义上来说,老板是有恩于你的。那么,为什么不告诉老板,感谢他给你机会呢?感谢他的提拔,感谢他的努力。为什么不感激你的同事呢?感激他们对你的理解和支持,还有平时你从他们身上学到的知识。如果是这样,你的老板也会受这样一种高尚纯洁的礼节和品质的感染,他会以具体的方式来表达他的感激,也许是更多的工资,更多的信任和更多的服务。你的同事也会更加乐于和你友好相处。

懂得感恩应该成为一种普遍的社会道德。带着一种从容坦然、喜悦的感恩心情工作,你会获取更大的成功。

## 知足常乐,不要斤斤计较

知足者想问题、做事情能够顺其自然,保持一份淡然的心境,并乐在其中。这并不是削弱人的斗志和进取精神,在知足的乐观和平静中,认真洞察取得的成功,总结经验,而后乐于进取,乐于开拓,为将来取得更大的成功鼓足信心,做充分的准备。知足常乐,是个人永远的精神追求。

在前进的道路上,当我们取得一些成绩的时候,如果我们都能知足,就能够保持乐观的心态,在对待员工职业道德建设中的困难时,也会泰然

## 第十章

### 奉献社会：乐于奉献是员工职业道德的最高形式

处之。知足常乐，在烦躁与喧嚣中，会过滤掉压抑与沉闷，沉淀一种默契与亲善。一个人知道满足，心里就时常是快乐的、达观的，有利于身心健康。相反，贪得无厌，不知满足，就会时时感到焦虑不安，甚至是痛苦不堪。快乐、幸福都是建立在知足的基础上的。这里并不是说不思进取，不前进，而是在自己的能力控制范围内循序渐进地前进。不要把太多不实际、不可能完成的事摆在眼前，不达到目的就绝不放手。

有这样一个寓言故事：有个人得到了一张藏宝图，图上指出在密林深处有足以让所有人心动的宝藏。这个人立刻准备好了一切旅行用具，甚至不忘带上四个大口袋来装那些"即将到手"的宝物。

一切就绪后，他进入那片密林，一路上披荆斩棘、跋山涉水。他先找到了第一份宝藏，在看到那些金子的时候，他被眼前的金光灿烂震撼到了。他马上掏出袋子，把看到的所有金币都装进了口袋。等他离开这个地方的时候，看见门上写着一行字："知足常乐，适可而止。"

"知足常乐"的警示并没有让这个人警醒，他想：没有一个人能看着这么多金子无动于衷的？于是，他没留下一枚金币，扛着大袋子来到了第二个宝藏处，里面储藏的是堆积如山的金条。这个人依旧把所有的金条放进了袋子，当他拿起最后一条时，上面刻着："贪心让人步入深渊。"但是一心想发财的他，完全忽视了这个警告，迫不及待地走向了第三个藏宝的地方。

第三个藏宝的地方有一块磐石般大小的钻石。这个人的眼睛马上就亮了，他贪婪地拿起钻石，放入了袋子。等拿到钻石之后，他发现这块钻石下面有一扇小门。他心想："这个门的下面一定有非常多的财宝。于是，他一点也没有犹豫，就打开门跳了下去，谁知，下面并不是金银财宝，而是一片流沙。这个人在流沙中越陷越深，最终与金币、金条和钻石一起长埋于流沙下了。

231

知足者才能常乐。人有了贪欲,就永远不会满足,不满足,就会感到欠缺,高兴不起来。老子在《道德经》中说:"祸莫大于不知足。"讲的就是知足常乐的道理。许多人不可谓不聪明,但却由于不知足,贪心过重,为外物所役使,终日奔波于名利场中,每日抑郁沉闷,不知人生之乐。人生是否快乐,关键看你是否知足。俗话说欲壑难填,人的欲望是无止境的,一种欲望满足了还会有更多的欲望滋生,若欲望太多太高,则永远得不到满足和快乐。如果这个人在看了警示后懂得适可而止,能在跳下去之前多想一想,那么他就会平安地返回,成为一个真正的富翁。不知足的可怕之处,不仅在于摧毁有形的东西,而且能搅乱你的内心世界。你的自尊,你的原则,都可能在贪心面前垮掉。

有个年轻人,毕业之后分到县城一所高中当老师。他有一位嗜酒如命的同事,经常在醉酒之后惹是生非,所以很多人都对这个人退避三舍。只有这位年轻人从来不拒绝和这个人一起喝酒,并且尽力限制他酒后一切不合理行为,还会把他安全送回家中。在这个年轻人的圈子里,有个性格非常暴躁还时常恶语伤人的朋友。在朋友相聚时,也许某人无意中说一句无关紧要的话,便会惹得他大发雷霆,甚至当场发作。这样一个"炸弹人",谁也不愿意离他太近,只有这位老师还依然同他保持着良好的友谊。很多人对这年轻人的宽容之心非常不理解,甚至有人说:"能和那种人交朋友,估计他自己也不怎么样。"但是当这些人和这个年轻人真正接触过以后,又都觉得这个人非常值得交往。有些心直口快的人就对年轻人说:"你还是离那些人远点为好,他们都不是什么容易相处的人。"这个年轻人笑了笑说:"他们确实有许多缺点,不过我觉得都不是什么不可接受的毛病,只要宽容一些,他们也会慢慢改过来的。"

因为年轻人的宽容,他身边的朋友越来越多。每当社会上有什么新机会,大家都会给他推荐。每当他个人有什么重大举

动,这些朋友都会积极支持。有钱的出钱,有力的出力,有智谋的出谋划策。这个年轻人也最终成为一个功成名就的人。

宽容让你获得心灵的宁静,锱铢必较的人往往不能获得,而是失去的更多。面对别人的错误,有些人一味地指责、发难、刁难,其结果就是不欢而散。但是有的人却选择了宽容对方、谅解对方,结果自然是皆大欢喜。因此,在日常工作员工职业道德建设中,凡事不可斤斤计较,当付出与回报不成正比——虽然付出的多得到的少,但不要抱怨,不要怀恨,更不要为之大为光火。要学会知足,要珍惜已经拥有的一切,并扎扎实实地做好每一件事情,尽好自己的责任和义务。

如果觉得工作枯燥,或收入不能满足需求,切不可懒散懈怠不求上进,要以饱满的热情和积极的心态,投入到工作之中。在员工职业道德建设中要摆正心态端正态度,在做事之中多用心。态度决定一切,凡事多用心多动脑,要虚心好学刻苦钻研不断创新,再平凡的岗位也能够创造出卓越的成绩。只要努力工作,扎实肯干辛勤劳动肯于吃苦,在取得工作业绩的同时,也会得到相应的回报。

## 5

## 我为人人,人人为我

在职业道德建设中,我为人人、人人为我就是干好平凡的工作。生活在这个世界上,个人不是独立的,而是互动的。很多工作的成果,并不是自己享受,而是通过一定的手段进行转移,那么我们就享受了别人的劳动成果包括知识产权、物质财富,虽然我们是付出了代价的。相反,我们自己的劳动,也不是纯粹为自己的,而要分享给他人,从而实现个人价值。

另一方面，我处处为别人着想了，那么自然而然别人也会考虑我的问题、替我着想的。

我为人人和人人为我是辩证统一的整体，二者不能分割。只有先做到我为人人，才能实现人人为我。这种价值取向是与社会主义核心价值体系相一致的正确价值取向。我为人人、人人为我的价值取向，对国家、对社会、对他人充满责任感，是调节人际关系、维护社会秩序、促进社会和谐的润滑剂。

我为人人、人人为我，反映了人的社会属性。人的本质是人的社会性，任何人都不能脱离社会而生活，任何人的生存都依赖于其他人的存在。这就决定了人在处理自身与他人、与社会的关系时，不能只考虑自己的个人利益，而必须同时考虑他人和社会的利益。我为人人、人人为我，一方面承认和保护个人的正当利益，另一方面又倡导个人利益服从国家和人民群众的整体利益，把个人利益和社会利益有机统一起来，在实现社会利益中实现个人利益。我为人人，人人为我要求我们在员工职业道德建设中要尽职尽责，每一件事和每一天的工作都要尽最大的努力去做，工作中饱含热情。只要你好好工作付出你的勤奋和努力，一样可以脱颖而出，一样会在平凡的工作中做出不平凡的业绩。

孔亮亮是一名山西潞安煤业集团铁路运营公司水电段软水所的普通送水员，但在铁运公司，孔亮亮的名字没有人不熟悉的，最主要的原因，是他干送水工岗位六年来，从基层段站到公司大院，从生产一线到家属院，每天都有他的身影出现，出镜率远远高于公司领导。

孔亮亮参加工作的2004年，正值铁运公司跨步发展的起步当口，大量的岗位上补充了新人，为适应公司快速发展实际，解决新增员工的饮水问题，铁运公司扩大了软水所纯净水供应量，孔亮亮成了公司的一名正式送水工。

一辆三轮车，一本登记簿，几大桶纯净水，这就是孔亮亮工

## 第十章
奉献社会：乐于奉献是员工职业道德的最高形式

作的全部"家当"，是他每天工作的内容。对于别人来说，送水工就是一份力气活，没有工作激情，没有实现人生价值的必然，更没有"身份"。但在孔亮亮的心中：任何工作都需要有人干，干好干坏是一回事，但干与不干却是一个人对待工作所能付出责任的体现。送水工不丢人，丢人的是干不好这份工作，胜任不了这个岗位。因此，他从没有因工作量大、工作卑微而放弃这份工作。相反，他从日复一日的工作中找到了真正快乐和实现人生的价值。"赵本山都能当送水工，我又何尝不能当好送水工，干好这个岗位呢！"时常别人和他开玩笑时，他总是一本正经地"调侃"自己。

因此，从2005年一上班开始，人们都能看到一个扛着桶装纯净水的身影在办公作业场所出现。哪里没水了，一个电话就完事了，有时各处需水量大，一时送不过来，人们就会有些怨言，但孔亮亮从没有因为别人的怨言而有过放弃的想法。对于他来说，这是自己的工作，送水本就是一种服务，服务不好受的批评在所难免，但只要坚持去做，提高自己的服务质量，怨言自然就少了。18.9升的一桶水，对他来说，是一种考验，有时送的地方多了，楼上楼下、厂内厂外，自己的肩膀和手腕就会酸痛不止，对于孔亮亮来说，成了家常饭。痛了停下来稍事休息，就会接着再干，每天都重复同样的动作。很多时候，晚上回到家躺在床上就起不来了，连吃饭的力气都没有了。六年来，在这个岗位上以他的实际行动为大家搞好了送水工作。当然，在孔亮亮工作的六年里，失误也曾经出现过，但他并没有因为存在失误、受了处罚而怨天尤人、自暴自弃。一次送水过程中，因为跑的地方太多，他把登记簿弄丢了，吃饭工具没了，自然被严厉处罚。对他来说，处罚是对的，是对他以后工作的鞭策。从那次处罚之后，孔亮亮一直提醒自己：饭可以吃第二口，但失误不能出现第二次。失误对于任何一个人来说，在所难免，"过而改之，善莫大

235

## 恪守职业道德 提升职业素养

焉",记住了教训,他后来工作的失误也就相应地减少了。

付出总有收获。2007、2008 两年,孔亮亮因自己的付出,获得了公司技术能手和公司先进工作者的荣誉。在简单而又平凡的送水工作中,有人曾经给孔亮亮算过一笔账,工作 6 年来,按正常上班时间 240 天计算,每天平均送水 40 桶,每桶水 18.9 升,他一共送出去的水总量达到 57600 桶,110 万升,接近国家游泳馆水立方的贮水量。这样一个数字,或许不足以说明什么,但透过数字,看到的是一个人对待工作的真诚态度。

孔亮亮并没有出众的才华,也没有什么显赫的身世,他曾只是一个再普通不过的送水工,但他靠自己的勤奋取得了对他来说算得上巨大的成功。普通不代表无能,平凡也不代表简单。平凡的事情,你能持之以恒、勤恳务实地做好,就是不平凡;简单的事情,你能驾轻就熟、不出差错地做好,就是不简单。看看我们身边:从工作多年的老员工,到刚毕业的大学生,要想在旷日持久的平凡中感受到工作的伟大,在重复单调的过程中享受到工作的乐趣,那就必须做好自己的本职工作。

社会由各行各业所组成,每个行业、每个工种都承担着社会生产的一个重要角色。每个行业在社会整个系统中都有着其不可替代的作用。工作性质的不同,岗位职责的不同,从而对员工的要求自然也不同。比如在同一家企业,搞公关的是面子工程,所以需要他们西装革履,代表公司形象;一线生产则是基本保障,那就需要全力以赴,不怕苦不怕脏,不怕流血和流汗,当然还是穿耐脏的蓝色工作服比较合适。从这个意义上来讲,工作只有种类之分,没有贵贱之别。不管你现在所从事的是什么工作,不管你是一个清洁工人还是白领人士,守好自己的岗位,干好自己的本职工作,都能做出一番成绩。

我们干好自己的本职工作才能实现我为人人、人人为我的价值取向。这种价值取向,对国家、对社会、对他人充满责任感,是调节人际关系、维护社会秩序、促进社会和谐的润滑剂。在我为人人、人人为我的价值取向

# 第十章
奉献社会：乐于奉献是员工职业道德的最高形式

占主导地位的社会，人人具有为他人、为社会做贡献的道德情操，与人为善，乐于助人，社会井然有序，不同利益主体的关系得到协调，每一个社会成员都能充分感受到社会的温暖和亲和力，这样个人对社会的认同感、责任感就会大大增强。反过来，个人对社会的认同感、责任感增强，又能进一步促进人们之间的关爱。如此良性循环，最终形成和谐的社会氛围。

## 5

## 多比贡献，少比享乐

在市场经济条件下，不同群体间的利益分配难免出现差距，相互攀比的社会心理就由此引发。这也会对企业员工产生一定影响，造成其盲目攀比心理滋长。有的员工不仅与自己同事比，与同行业的其他员工比，甚至与暴发户、大款、大腕比，同他们比金钱、比享乐，这势必会滋长以权谋私的不正之风。

在员工职业道德建设中，这种攀比心理使一些员工总认为自己在物质利益上吃了亏，进而自觉不自觉地偏离了工作准则，不严格按规章制度办事，不听招呼，不守规矩，甚至出现违法乱纪的问题。从这个意义上讲，不克服攀比心理，员工就无法做到廉洁自律。

有些人在盲目攀比的过程中，想方设法利用某些制度还不够健全的漏洞，其实这是一种企图依靠偶然的机会捞取好处，靠碰运气赚便宜的心理。正是这种侥幸心理使得有些员工主观认为做点出格的事没什么大问题，有的员工则认为贪点、占点是情理之中，小事一桩，不值一提，上级不会挑剔，下级不会计较，还有的员工认为自己贪点，不会让外界的人察觉，于是变得更加胆大妄为。这种侥幸心理有很大的冒险性和危险性，在侥幸心理的支配下，很容易做出违法违纪的事，而且如果一旦得逞，就很容

237

## 恪守职业道德 提升职业素养

易造成恶性心理膨胀，进而在行为上更加放纵，导致更为严重的错误行为，直至触犯法律。比如，面对形形色色的诱惑，意志薄弱的员工通常显得心情浮躁，他们总与别人攀比，总觉自惭形秽而心理失衡。这些员工总觉得自己学历不比别人低，能力不比别人差，努力不比别人少，而收入差别却很大。为求心理平衡，他们不惜铤而走险，以身试法。有些员工总觉得薪水少，总埋怨待遇差，在贪欲的驱使下，为了个人发财"致富"，动起了"靠山吃山""靠水吃水"的邪念，千方百计利用手中的权力，不惜损公肥私捞钱，此种心态尤为普遍，将这种想法付诸行动的也大有人在。其结果只能是损人害己，自毁前程。

2011年11月24日，江苏省海安县墩头镇第十六届人民代表大会副主席兼墩头镇集镇原开发办公室主任邓清被以受贿罪判处有期徒刑十年；被以滥用职权罪判处有期徒刑六个月。数罪并罚，决定执行有期徒刑十年零六个月，并处没收个人财产人民币10万元。

邓清的犯罪事实是：2006年7月至2010年1月，邓清利用职务之便，为有关房地产公司谋取利益，先后11次非法收受这些单位或个人贿送的人民币共计32.7万元；2006年9月，邓清违反国家有关规定，超越职权，擅自为某商住楼工程项目开工建设定位放线，超出土地出让红线面积430平方米，造成国家土地出让金流失计人民币56.03万元。

以下是2011年7月24日，邓清在海安县纪委调查时作的忏悔。

我生在农村，长在农村，工作在农村。1982年至1984年，是我参加工作的起步阶段。当时，我在海安县一个乡镇农机站当会计。那时我每天都起早贪黑，单位的工作和家里的农活两头忙。一家人日子过得虽然清苦，但却很充实。

1990年是我人生的重大转折点。那一年，海安县招录国家

工作人员,我幸运地考取了,后来被分配到一个乡担任党委秘书和统计助理。因为工作表现突出,我先后被提拔担任该乡党委纪检委员、宣传委员和组织委员。期间,我工作勤勤恳恳,不敢有丝毫懈怠。2006年,我重回墩头镇工作后,本着要为家乡多作贡献的精神,更是拼命工作。当年3月18日拿到调令后,尽管遇到的困难很多,但我仍然在4个月内就完成了全镇招商、规划、土地拍卖等工作。由于表现突出,我不仅深得领导和同志们的好评,而且还受到了县政府的嘉奖。

然而,在成绩和进步面前,我不仅滋长了骄傲自满、胆大妄为的毛病,而且还把成绩和进步作为谋取私利的资本。我认为,我的年龄已经超过45岁了,提拔已经无望,不如趁现在在岗在职,多捞点钱。2006年7月至2010年1月,我先后11次非法收受相关单位或个人贿送的人民币合计32.7万元。其中最多的一次是2009年1月的一天,我在办公室里收受了一个开发商送的10万元。当时我并没有害怕,反倒认为这是顺理成章的事。因为是我帮这些老板发了大财,他们给我表示一点儿也是很正常的。贪欲的大门一旦打开,我就开始不择手段地去捞钱。而我20多年的努力工作也就被这几年的贪腐全毁了。

在向组织交代自己的问题时,我深刻地认识到:我从一个国家干部堕落成一个腐败分子,绝对不是偶然,而是自己的人生观、世界观发生了质的变化。

由于主观上放松了学习,我平时在学习过程中应付了事。对单位组织开展的各种预防职务犯罪警示教育,我认为那都是走形式,因而听不进去,也看不进去。每年的5月10日,是上级有关部门规定的"思廉日",目的是让每个干部要算算政治账、经济账,不要掉入贪污、受贿的泥坑。可是我一次也没有认真算过。

对我来说,政治上的损失不仅使自己丢了工作,还包括对家庭的影响。经济账同样也不划算,我收受了30多万元贿赂,但如果我不犯罪,今后还有的工资收入,岂止是30万元。

俗话说,千里之堤,溃于蚁穴。人的思想一旦发生了变化,就难保清正廉洁。这几年,因为工作几乎天天都是跟老板打交道,日子长了,攀比思想也就露了头。我总想,无论从哪一方面讲,我都不比他们差,可是我的收入就是不如他们多,生活不如他们过得潇洒,心里就非常不平衡。在与他们的接触中,这些老板都是谈赚钱和享乐之事,这对我影响很大,渐渐地我也学起了老板们的生活方式,来人接待要用高档酒、吃高档菜,个人追求住好房。为了贪图享受,我开始不择手段地捞钱。但结果是,吃了人家的嘴软,拿了人家的手短。一个人一旦钻进了钱眼里,钱就会抓住你的手,牵着你的鼻子走。

一步失足成终生遗恨,对邓清而言,这真是再也恰当不过的形容了。事实上,这就是互相攀比时那种盲目的从众心理。员工有时也会头脑发热,产生随大流的心理,比如衣食住行讲高档,赶时尚,对于大家都在干的事,不管正当与否,自己不辨黑白就跟着去干。这种从众心理的"病因"在于缺乏主见,缺乏理性思考,只看现象,不看本质,对自己应当坚持的原则不够坚定。这就造成攀比心理在员工心里肆意滋长。对此,员工在员工职业道德建设中一定要加强职业和道德修养,积极净化自己的精神世界。无论在哪个工作岗位上,都应把岗位当作施展才华、干事创业、无私奉献的平台,多比贡献、少比享乐,多比绩效、少比待遇,以实干实绩回报组织的培养。

## 立足岗位，青春因奉献而无悔

爱因斯坦曾充满愧疚地说："我无时无刻不感到自己欠社会、欠大自然的太多太多了，所以我想方设法去弥补我欠下的，可我所能弥补的实在是少之又少。"连如此伟大的科学家尚且如此，更何况我们每一个普通人呢？在员工职业道德建设中奉献无所不在，无时不有。每个人不论职位高低，不论在什么岗位，都能够尽自己的所能做出奉献。奉献不是痛苦，不是丧失，不是剥夺，而是爱心的流露，善意的升华，美德的弘扬。奉献使人充实，使人快乐，使人高尚。我国一位科学家在荣获国家最高科学技术奖时说："为了心中的梦想，每年我没有休息过节假日。对我来说，科研本身带来的愉快是最大的报酬，科学研究成果奉献祖国是最大的幸福。"奉献就在人间，就在身边。我们在奉献中生活，在员工职业道德建设中奉献。

在北京的21路公共汽车上，有一位售票员叫李素丽，她十年如一日，用心为乘客服务，被誉为"盲人的眼睛、病人的护士、乘客的贴心人、老百姓的亲闺女"。虽然售票员这个工作非常不起眼，但是在这个毫不起眼的工作岗位上，李素丽通过自己细致入微的工作态度，赢得人们的一致好评。事实上，这不仅是一种工作态度的体现，更是一种工作能力的体现。

以情暖人、以"场"促人、以理服人是李素丽工作的特点。她注重与乘客的情感交流，用真挚的感情来换取乘客的理解与配合。每次发车出站。她都会满脸挂着笑容，用甜美、悦耳的声音与乘客们"打招呼"。大年初一的早班车上，她不能在家与家人团聚,但是没有丝毫怨言,她送给车上乘客真挚的祝福:"乘客同志们,今天是大年初一,首先,我代表车组全体成员给大家拜年,祝大家春节好!祝您在新的一年里工作进步,万事如意……"虽然车厢内寒气逼人,但是她的一番话使人备感温暖。

李素丽非常注重在车上营造一个文明礼貌、互相尊敬友善的"公众场",以唤起众乘客对爱心和善心的共鸣、对文明礼貌的呼应。当年轻人为刚上车的母女二人让座而落座的小女孩忘记答谢他时,李素丽会柔声地提醒:"小朋友,叔叔给你让座了,你该说什么呀?"小孩子马上说:"谢谢叔叔!"这番话里包含了李素丽的一番良苦用心。

在工作中,如果遇到问题,比如乘客往地上吐痰,不服车上工作人员的批评,李素丽会走到不文明乘客跟前,晓之以理,"您看,我们这车天天打扫,您把痰吐在地上多不卫生!随地吐痰对您和其他乘客的健康也不利啊。"她委婉地批评不文明乘客不尊重公交员工的劳动,然后又站在乘客本人的立场上,为乘客的健康着想,合情合理,情理交融。特别是说完这些后她会蹲下去将痰擦掉,这一举动给人一种无声的教育,既震撼了不文明乘客的灵魂,也教育了车上的其他乘客。

在员工职业道德建设中,奉献是一种精神。奉献不是用嘴说的,它需要员工付诸行动。每个企业都可能存在这样的员工:他们每天按时打卡,准时出现在办公室,却没有及时完成工作;他们每天早出晚归、忙忙碌碌,却没有做出什么成绩。对他们来说,工作只是一种应付:上班要应付工作,出差要应付客户,工作检查要应付领导等等。这些员工做一天和尚撞一天钟,没有奋斗目标,没有责任感,终日应付了事。这其实是员工缺乏责任感的一种表现,更是工作中不和谐的表现。改变职场命运,首先要从改变态度开始。如果怀着强烈的工作责任感,就能从工作中积累更多经验,获取更多薪水,享受更多快乐,最终实现职场生涯的和谐发展。

## 第十章
### 奉献社会：乐于奉献是员工职业道德的最高形式

甘心奉献,从不计较回报也是一种境界。当员工将甘心奉献当作人生追求的一种境界时,我们就会在工作上少一些计较,多一些奉献,少一些抱怨,多一些责任,少一些懒惰,多一些上进;享受工作给自己带来的快乐和充实感,有了这种境界,我们就会倍加珍惜自己的工作,并抱着知足、感恩、努力的态度,把工作做得尽善尽美,从而赢得别人的尊重,取得岗位上的竞争优势。因此,奉献是一种爱的体现,它充满了人性的光辉,闪烁着爱的光芒。它不论大小,不分你我。奉献是平凡的。在有些员工的心目中,奉献是英雄和模范们的事,不是普通人所能做到的,奉献就是只讲牺牲,高不可攀,可敬不可为,可羡不可行。这是对奉献的一种误解。奉献既是一种高尚的情操,也是一种平凡的精神;既包含着崇高的境界,也蕴含着不同的层次。奉献既表现在国家和人民需要的关键时刻挺身而出,慷慨赴义,也融会和渗透在员工日常的工作和生活中。